El niño al filo del sillón

Raúl Sánchez

cretos de un Realtor
itoso: cómo vender más
100 propiedades al año.

El libro ***«El niño al filo del sillón – Secretos de un Realtor exitoso: cómo vender más de 100 propiedades al año»***, es propiedad de Raúl Sánchez Realtor

Título publicado originalmente en español:
«El niño al filo del sillón - Secretos de un Realtor exitoso: cómo vender más de 100 propiedades al año»
ISBN: 978-1-962927-12-3
Paperback
Primera edición
Library of Congress Control Number: 2026902263

Diseño de portada y contraportada: Smart Design. Todos los derechos reservados.
Ilustración de portada: chatGPT
Ilustraciones interiores: chatGPT
Foto de portada: Abby Dominguez Photography

Todo el trabajo de entrevistas, corrección gramatical y ortográfica, corrección de estilo; edición y formación, fue realizado por:
MoGo Multimedia LLC. Tel: +1(651)-600-8956

Uso de inteligencia artificial como instrumento asistido: ChatGPT

Impreso en Estados Unidos.

DEDICATORIA

Este libro se lo dedico a cada inmigrante que ha llegado a Estados Unidos con un sueño en el corazón y una maleta llena de incertidumbre.

Si acabas de llegar y te sientes perdido, no te preocupes, es normal.

Si te invade la soledad o te preguntas qué será de tu futuro profesional, tampoco te preocupes, es parte del proceso.

En estas páginas comparto mi historia, mis miedos y mis aprendizajes como inmigrante. Quiero que sepas que yo también pasé por esos momentos de duda, pero gracias a Dios encontré un rumbo, una misión y una vida plena en esta tierra que ahora también es mi hogar.

A ti, que estás empezando este camino, te ruego que en los momentos más duros —cuando sientas que no hay salida, cuando la soledad te abrace y el rumbo parezca incierto— busques de Dios. Él será tu guía, tu fuerza y tu compañero en este nuevo comienzo.

CONTENIDO

AGRADECIMIENTOS

En primer lugar, le doy gracias a Dios, por permitirme ser y estar aquí, por guiar mis pasos y mostrarme que con fe, disciplina y perseverancia todo es posible.

A mis padres, quienes fueron mis primeros maestros, mis guías y mis héroes.

A mi madre, por su inteligencia, su sabiduría y por haberme regalado, con su ejemplo, la mejor enseñanza de todas: el valor del esfuerzo, la dedicación y la entrega.

A mi padre, por haberme dado la vida y demostrarme siempre su cariño, su fortaleza y su fe en mí.

A mi hermano René, por su apoyo incondicional y por acompañarme en cada etapa de este camino.

A cada maestro que se ha cruzado en mi vida y ha dejado una huella, muchas gracias.

De manera especial, agradezco al licenciado Jesús Hernández López, por sus consejos y por ser una inspiración en mi desarrollo personal y profesional.

Y al señor Rocco Lombardi, por su confianza, su guía y por haber creído en mí cuando más lo necesitaba.

A todos ustedes, gracias por formar parte de mi historia y por ser instrumentos que Dios ha puesto en mi vida para cumplir este propósito.

INTRODUCCIÓN

Hay historias que comienzan con una fortuna, una oportunidad o una conexión poderosa. Sin embargo, la de Raúl Sánchez, yo, no fue así.

Mi historia comenzó en un sillón percudido por los años, una casa con dos cuartos pintarrajeada con cal, un techo que goteaba, una ventana sin vidrio y con una cortina desgastada y un sueño que parecía imposible.

Desde niño, en un rincón humilde de México, aprendí que el éxito no depende de lo que tienes, sino de lo que haces con lo que tienes; y que, aunque la vida te ponga al filo del sillón, siempre hay una manera de levantarte.

Este libro no es una colección de frases motivacionales ni una guía teórica sobre bienes raíces. Es un testimonio real, lleno de caídas, aprendizajes y principios que se han probado en la vida y en los negocios. Aquí descubrirás cómo un niño que soñaba con un futuro mejor se convirtió en un Realtor que ha podido vender más de 100 casas por año en las Ciudades Gemelas.

Más allá de los números, este libro te mostrará que el verdadero éxito se construye con integridad, fe y propósito.

A través de once capítulos, compartiré las lecciones que me formaron: desde las enseñanzas de mi infancia y los obstáculos de mi travesía a los Estados Unidos, hasta los secretos de productividad, mentalidad y relaciones humanas que me han llevado a destacar en uno de los mercados más competitivos del país.

Cada historia y cada fórmula que leerás aquí tienen un propósito: recordarte que tú también puedes lograrlo. No importa si estás empezando en bienes raíces, si buscas reinventarte o si solo quieres creer de nuevo en tus posibilidades.

¡Que lo disfrutes!

— CAPÍTULO 1 —

EL PEQUEÑO QUE **NO** DEBÍA VIVIR

La historia de Raúl; es decir, mi historia, es una odisea que parecía que terminaría antes de tiempo cuando apenas comenzaba.

Esta es la memoria de cómo ocurrió el milagro de mis primeros pasos y se encendió el fuego que iluminó mis sueños.

Nací en Axochiapan, Morelos, el menor de seis hermanos. Mi padre, Eusebio, un hombre de piel clara y manos callosas por el trabajo en el campo; mi madre, Gloria, morena como la tierra húmeda después de la lluvia, con una fuerza que llevaba en la mirada.

Vivíamos en la pobreza, pero en nuestra casa nunca faltó el amor.

Después de cinco hijos, mi madre creyó que ya había llegado a la menopausia, pero la vida le tenía reservada una sorpresa. Y es que, desde mi llegada a este mundo, marqué una diferencia

En una cita médica, el doctor le dijo las palabras que cambiaron todo: «Señora, usted está embarazada». Y entonces llegué yo, un niño robusto que a los ocho meses ya intentaba caminar, como si supiera que la vida me exigiría andar con prisa.

Papá era de Quebrantadero, un pueblo donde los apellidos españoles eran ley y era mal visto hacer familia con gente de otros lugares. Él era un hombre que ya se había casado dos veces, y desafiando las tradiciones, se enamoró de la empleada doméstica: mi madre.

La familia de mi papá consideró la idea una locura y trataron de persuadir a mi madre. «El güero te abandonará, es muy mujeriego», le aseguraban.

Pero ella, con esa sabiduría de quien conoce el precio de la dignidad y para evitar intromisiones, le dio un ultimátum: «Nos vamos, o esto se acaba».

Vendieron su casa a un primo por un precio simbólico: a

cambio de un revólver, y se marcharon. Axochiapan fue nuestro nuevo comienzo. Lejos de las críticas familiares y ansiosos por formar nuestro propio clan.

PRUEBA DE FUEGO

Y cuando todo parecía que sería un nuevo comenzar con el viento a favor, vino la vida a ponernos lo que sería una auténtica prueba de fuego. De vida o muerte para mí.

Apenas tenía ocho meses de edad cuando la fiebre golpeó mi cuerpo como un huracán. Recuerdo el dolor confuso, los brazos de mi hermana, con apenas ocho años, cargándome como un bulto tratando de que dejara de llorar.

Las agujas que se volvieron compañeras. Papá vendió hasta la última gallina para llevarme a Puebla, a Ciudad de México... Nadie sabía qué era lo que tenía.

Una tía, hermana de mi papá, le aconsejó comprar un ataúd. En su lógica, era mejor destinar los escasos recursos a los otros cinco hijos que estaban sanos.

«¿Por qué no usas ese dinero para los otros cinco que están vivos y están sanos? Y con el dinero que estás gastando en él, compras un ataúd, una caja para sepultarlo», le dijo.

Pero mis padres la ignoraron y lucharon como guerreros. Mamá rezaba a la Virgen; papá insistía: «Debe haber un médico que sepa».

Después de recorrer hospitales en Puebla, Cuautla y hasta la Ciudad de México, cargando a su hijo hinchado y ahogado en lágrimas, mis padres volvieron a Quebrantadero, al pueblo donde todo comenzó, con el alma rota.

Fue entonces cuando la divina providencia nos envió a un ángel con bata blanca y manos temblorosas: un pasante de medicina que apenas sabía afeitarse.

—Es fiebre tifoidea —dijo al fin el médico, ajustando sus lentes. Su voz no era de lástima, sino de urgencia—.

—Está en fase aguda. Si no actuamos hoy, mañana será tarde.

El silencio era espeso. Papá tragó saliva y preguntó lo que todos temían:

—¿Cuánto cuesta salvarlo?

El médico miró mis piernas llenas de edemas, luego a mis padres, costernados:

—Más que dinero, necesitan fe. Tenemos un tratamiento nuevo. Riesgoso, pero posible —dijo mientras extendía aquel papel que pesaba como una losa—. Señor Eusebio, lo advierto: el tratamiento es un tiro al aire. Puede curarlo o convertirlo en un vegetal.

Mi padre se tragó el miedo con un chasquido de garganta. Firmó la carta donde aceptaba cualquier consecuencia del tratamiento experimental sin mirar, con la misma determinación con que años atrás había cambiado una herencia por un revólver.

El medicamento me convirtió en un fantasma de carne ardiente. Las fiebres me hacían delirar: el Valiente de la lotería montado en un toro cebú me perseguía entre las grietas de nuestra barda de piedra.

Por las noches, cuando los gemidos me desgarraban, mi madre corría a llamar a la señora Elia, la vecina enfermera que llegaba con su jeringa como una samaritana en la penumbra.

«Aguanta, mi niño», me susurraba mamá mientras yo mordía un trapo para no triturarme la lengua. En el rincón, papá contaba monedas para la siguiente dosis. Habían vendido hasta la última vaca, y ahora mi madre lavaba y planchaba ajeno.

Cuando por fin abrí los ojos sin fiebre —tres años tarde, pero justo a tiempo—, el mundo me recibió con asombro. Mis primeras pisadas fueron tambaleantes como las de un borracho, pero para mis padres sonaron a marcha triunfal.

Sobreviví. No por milagro, sino por ese amor terco de mi familia que se negó a soltarme.

Mamá le rezaba a la virgen de Guadalupe para que yo no muriera de esa enfermedad que hace 48 años era mortal.

Y así, entre médicos que creyeron lo imposible y enemigos que se volvieron familia, aprendí que la vida no se mide en años, sino en las cicatrices que sanamos juntos.

DESPUÉS DE LA FIEBRE: LAS LECCIONES APRENDIDAS

Luego vino la etapa escolar, el aprendizaje que tenemos todos en la niñez, y recuerdo que las palabras de mis padres eran como mandamientos tallados en piedra.

También recuerdo las noches en que mi padre regresaba de la frontera, con las manos agrietadas y los ojos cargados de un cansancio que no se quejaba. Nos abrazaba en silencio, como si ese contacto pudiera transmitir todo lo que las palabras no alcanzaban a decir. En esos momentos, entendí que el sacrificio no necesita explicaciones.

«Tienen que ser honestos, tienen que tener palabra. Si dicen que van a hacer algo, lo tienen que hacer», nos decía mi papá.

Por su parte, de mi madre recuerdo que entre quesos y madrugadas, tejía lecciones con hilos invisibles. «La dignidad no se negocia», repetía mientras envolvía cada producto con el mismo cuidado, ya fuera para el vecino adinerado o para quien pagaba con monedas. Así aprendí que el respeto no distingue clases.

Hubo días en que el hambre era un ruido que competía con las risas. Pero mi madre convertía un plato de frijoles en un banquete con solo bendecirlo. «La abundancia está en el agradecimiento», decía, y yo creí en ese milagro cotidiano antes que en cualquier dogma.

Y además nos exigía «No hay que robar, hay que ser puntuales en el trabajo, hay que hacer las cosas bien».

Esas palabras de mi padre y mi madre fueron las que forjaron a la persona que soy ahora, un hombre de palabra.

Cómo olvidar que se fue la enfermedad pero no las carencias. Mamá vendía sus quesos al amanecer y papá cruzaba la frontera para trabajar como bracero.

Cada mediodía, aparecía mi madre en la escuela con bolsitas de plástico transparente: una manzana y un plátano para mí y cada uno de mis hermanos, pero también otra para el maestro. Esa imagen la guardo como un tesoro, el ejemplo de que aún teniendo tan poco le nacía compatir.

Al recordar esos años con mis padres entiendo que el amor verdadero no es discurso. Es papá vendiendo su herencia por un arma simbólica, es mamá repartiendo fruta con sonrisa de reina, es creer contra toda lógica.

Por ejemplo, el médico que me salvó la vida no llevaba aureola, sino una bata manchada de café barato y sueños truncados. Aún así, en sus ojos vi esa chispa que solo tienen quienes creen en lo imposible. Él me enseñó que los ángeles a veces vienen disfrazados de seres humanos ordinarios.

Él arriesgó su licencia y me dejó una enseñanza oculta: a veces, romper las reglas es la forma más alta de honrar tu vocación. La ética no siempre vive en los manuales; a veces vive en elegir salvar a un niño contra todo protocolo.

Las bolsitas de plástico con fruta no solo alimentaron mi cuerpo; fueron mi primera lección de generosidad estratégica. «El maestro también tiene hambre», susurraba mi madre al entregarlas. Sin saberlo, sembraba en mí la semilla de que hasta la ayuda más pequeña puede cambiar un destino.

Años después, comprendí que aquellos «mandamientos» de mis padres no eran reglas, sino herramientas forjadas en su propia lucha. No me decían «sé honesto» por moralina, sino porque sabían que la mentira cuesta más cara a los pobres.

Mi fe no nació en un templo, sino en el día a día compartido con ellos, en el crujir de las tablas del piso cuando mi madre se levantaba antes del amanecer. En el sonido de la puerta cerrándose tras mi padre. En el vapor cuando el agua hervía para el café de un nuevo día.

Repito esta frase de Amado Nervo: que no importa en quién crea el ser humano, pero lo que sí es importante es tener fe.

Hay personas que creen en el café, en la arena, otros creen en cualquier cosa. Si eres católico, vas a creer en las imágenes, en los santos. Si eres cristiano, vas a creer en Dios. Comparto eso, que es súper importante creer y tener fe en algo, en alguien, para que puedas realmente visualizar tu esperanza.

Mi fe se forjó también en esas bolsitas de plástico, en las lágrimas que nadie vio caer y en un revólver que jamás se disparó, pero mató prejuicios. Soy el hijo que vivió para contar su historia.

Hoy, cuando la vida me pone contra las cuerdas, recuerdo aquellas manos callosas de mi padre firmando lo imposible, el delantal de mi madre empapado de sudor y fe, y al joven médico que arriesgó su licencia por salvar a un niño morelense.

Cuando la vida me ha puesto a elegir entre lo fácil y lo correcto, cierro los ojos y huelo aquel queso fresco de mi infancia. Recuerdo manos ásperas entregándolo con orgullo, y elijo como ellos: aunque duela, aunque cueste, aunque nadie lo vea.

Como enseñanza, lo que recibí sería que, si eres padre, nunca te rindas por luchar por tus hijos.

Si eres un ser humano, un hijo, solamente hay que tener fe de lo que vaya a pasar, porque no está en nuestras manos.

A veces, sí tenemos que ser perseverantes, sí tenemos que luchar, sí tenemos que entregarlo todo. Pero yo creo que es Dios, la vida, el universo, el que ya tiene marcado nuestro destino.

Hoy sé que la pobreza no me robó nada; al contrario, me dio una mirada distinta para ver el mundo. Mientras otros contaban monedas, yo contaba actos de amor. Y esa matemática invisible sigue siendo mi mayor riqueza

Aprendí que los milagros no llegan en rayos de luz, sino en jeringas manejadas por manos diligentes, en firmas estampadas con tinta y fe y en noches donde el amor se mide por cuánto estás dispuesto a luchar para no perder a un ser querido.

Y sobre todo, que cuando el mundo te dice «compra el ataúd», Dios a veces manda un estudiante pobre para recordarte que las últimas palabras nunca las escriben los médicos, ni las tías, ni el dolor. Las escribe la terquedad de un corazón que se niega a dejar de latir.

—CAPÍTULO 2—

EL NIÑO AL **FILO** DEL SILLÓN

MI CASA, MI PRIMER UNIVERSO

Esa casa de 500 metros en la esquina de la calle fue el escenario donde comenzó todo. Donde aprendí a soñar, a resistir, a amar. Donde descubrí que el mundo podía ser enorme incluso dentro de espacios pequeños.

La barda de piedra —ese muro de metro y medio que delimitaba nuestro territorio— era mi primera frontera con el mundo. Sus irregularidades eran perfectas para apoyar los pies descalzos cuando necesitaba escalarla rápidamente. Detrás de ella, nuestro pequeño paraíso: árboles frutales que eran mucho más que plantas.

El guayabo era mi aliado. Sus ramas gruesas formaban una escalera perfecta hacia mi libertad. «¡Si me alcanzas, pégame!», le gritaba a mi madre mientras trepaba con la agilidad de quien defiende su vida.

Desde arriba, el mundo parecía diferente. Podía ver el tejado de nuestra casa, el camino polvoriento, y más allá, las montañas que siempre me pregunté qué secretos guardaban.

La casa tenía dos habitaciones. Eso era todo. En una, el dormitorio familiar donde mis padres y cinco hermanos se acomodaban como podían en tres camas. El otro cuarto era cocina, comedor y mi reino personal.

No sé exactamente por qué, desde los cinco o seis años, necesité un espacio propio. Quizás era mi naturaleza rebelde, quizás esa extraña sensación de invasión cuando alguien se acercaba demasiado. El caso es que un sillón ubicado bajo la ventana se convirtió en mi territorio.

Era un sofá gastado con tres cojines, pero para mí era un trono. Aprendí a dormir en el filo, casi colgando, como si mi cuerpo supiera instintivamente que no debía ocupar más espacio del necesario.

Ese sillón bajo la ventana no era solo un lugar para dormir. Fue mi primer territorio, mi espacio de autonomía, el lugar donde aprendí a estar conmigo mismo. Allí, entre el frío de la noche y el sonido del viento moviendo la cortina, comenzó a forjarse el hombre que soy hoy.

Aquella casa no tenía lujos, pero estaba llena de vida. No tenía espacio, pero nos contenía a todos. No tenía vidrios en las ventanas, pero me permitió ver las estrellas. Y eso, al final, fue más valioso que cualquier riqueza material.

Fue mi primer universo. El escenario donde aprendí que los sueños no tienen tamaño, que el amor no se mide en metros cuadrados, y que incluso en los espacios más pequeños puede caber una vida entera.

Ese hueco en la pared sin vidrios fue mi primera ventana al mundo. Por las noches, cuando la casa entera dormía y solo se escuchaba el ronquido lejano de mi padre, yo me quedaba despierto, mirando cómo la cortina de tela bailaba con el viento.

Era una tela delgada, gastada por el tiempo, que mi madre había colgado con clavos doblados, pero para mí, aquel lienzo moviéndose al compás de la brisa era el espectáculo más fascinante del mundo.

Recuerdo las noches de lluvia, cuando el agua se colaba por los huecos del marco de metal. «¡Mijito, levántate que te estás mojando!», gritaba mi madre medio dormida. Yo me incorporaba, empapado, y buscaba refugiarme bajo aquel abrigo enorme que alguien nos había regalado. Era tres tallas más grandes que yo, pero me envolvía en él como si fuera un capullo, sintiendo el olor a humedad y a sueños.

Entre los seis y los ocho años, descubrí que aquel ventanal era más que una simple abertura en la pared. Era mi cine personal, mi planetario privado. Mientras mis hermanos roncaban en el cuarto contiguo, yo contaba estrellas, inventaba constelaciones y me preguntaba qué habría más allá de aquel cielo que parecía tan cercano.

A un lado de mi sillón-universo estaba la estufa que calentaba nuestros alimentos; enfrente, la mesa grande donde ocho personas compartíamos lo poco que había.

Aquella ventana gastada por el tiempo, sin vidrios, solo con una tela que hacía de cortina, también la llegué a ver como mi primer televisor. Por las noches, cuando el viento movía la tela, yo miraba esa hermosa bóveda celeste del campo morelense; y, sin siquiera conocer el nombre de las constelaciones, inventaba historias fascinantes acerca de ellas. Esas noches de insomnio infantil, cuando el reloj marcaba las once, las doce, la una de la madrugada, eran mis primeros momentos de verdadera intimidad con el universo.

Ahí comenzó a gestarse en mí la certeza de que en el mundo había algo más allá de aquellos dos cuartos y el patio de tierra. Y yo quería conocerlo todo.

La mesa grande de madera era nuestro altar cotidiano. Ocho sillas (a veces menos, porque alguna siempre estaba rota), ocho platos, ocho cucharas, y la magia de mi madre para hacer que un solo huevo alimentara a toda la familia.

Los frijoles quebrados con cilantro y tequesquite eran nuestro manjar. Mi madre los cocinaba con una paciencia de alquimista. «Miren cómo lo hago», nos decía, y nosotros, con los ojos brillantes de hambre, observábamos cómo transformaba lo poco en suficiente.

Una Coca-Cola familiar era nuestro único lujo. Una botella grande cuyo refrescante contenido se repartía en ocho vasos con precisión milimétrica.

«¡A mí me tocó menos!», protestaba alguno. «Todos tenemos lo mismo», respondía mamá con esa voz que no admitía discusión. Mi padre en un extremo de la mesa. Mi madre en el otro. Y entre ellos, el bullicio de seis hijos: Olimby, Rubén, René, Leticia, Ramiro y yo, el benjamín, el «chocoyote», como me llamaban cariñosamente.

El desorden durante las comidas era monumental. Platos que se caían, cucharas que volaban, historias que se contaban a gritos. Pero en ese caos había un orden invisible, una coreografía perfecta de amor y supervivencia.

Fue una de las etapas más felices de mi vida, toda la familia unida, compartiendo pequeños momentos de alegría como saciar el hambre juntos gracias al amor y la dedicación de mis padres.

EL CHOCOYOTE

«¡Eres el chocoyote de la familia!», me decían mis padres con esa mezcla de ternura y asombro que solo se le tiene a lo que llega contra todo pronóstico. Mi madre, mientras amasaba tortillas o lavaba ropa en la tina de cemento, solía contarme la historia: «El doctor dijo que ya no podía tener hijos... y apareciste tú. Pensé que saldrías enclenque, pero mira qué fuerte creciste».

Sus palabras llevaban orgullo. Yo era el hijo que desafió las predicciones, el que llegó cuando el cuadro familiar parecía completo. Quizás por eso, desde pequeño, llevé esa marca invisible de sobreviviente. No era el más grande, ni el más fuerte, pero sí el más terco, el que cuestionaba todo.

El ciruelo del patio era mi némesis, pues era la herramienta disciplinaria de mis padres.

Cada vez que mi madre gritaba «¡Ramiro, corta una vara!», mi corazón se aceleraba. Sabía que se venía un castigo: esos golpes en las piernas que ardían como fuego, las lágrimas que me negaba a derramar. Pero también sabía algo más profundo: ninguna vara doblegaría mi voluntad.

Mis hermanos obedecían; yo desafiaba. «Lávate los pies», «acuéstate temprano», «ve al campo con tu padre».

Y siempre, siempre, mi respuesta era la misma: «¿Por qué?». Esa pregunta simple me costó golpes, regaños y castigos, pero también me enseñó una lección vital: el precio de la libertad personal.

Mi papá no tenía recursos, pero tenía dignidad a raudales. Cada mes, mezclaba cal en un bote viejo y pintaba la casa con brochazos precisos.

Los vecinos se burlaban: «Güero, eso no es pintura». Pero él seguía, imperturbable, convirtiendo nuestra humilde casa en un faro de blancura.

De él heredé algo más valioso que la riqueza: el orgullo del trabajo bien hecho. No importaba que la pintura fuera cal en lugar de esmalte, que la mesa estuviera desgastada o que los platos fueran de peltre. Todo brillaba, todo estaba en su lugar. Esa fue mi primera lección de excelencia: «Lo que hagas, hazlo con todo el corazón».

Mis hermanos insistían: «Tienes que venir a jalar como todos».

Mi padre lo ordenaba: «Aquí se trabaja, no se pregunta».

Sin embargo, algo en mí se resistía. Los surcos interminables, el sol inclemente, los mosquitos que zumbaban como avionetas... yo sentía que ese no era mi destino.

A los doce años, encontré una alternativa: la venta de dulces y paletas de hielo.

Era una apuesta aventurada, pero me arriesgué, y finalmente obtuve mi recompensa.

Mientras mis hermanos sudaban por 40 pesos diarios en el campo, con mis ventas yo ganaba 70.

Mi madre guardaba esas monedas como si fueran oro, y yo descubrí una verdad poderosa: el ingenio puede vencer a la fuerza bruta.

Nunca olvidaré la expresión de mi madre cuando le entregué mis primeras ganancias.

Sus manos ásperas acariciaron los billetes como si fueran reliquias. «Es para usted, mamá. Para lo que necesite», le dije.

La sonrisa que se dibujó en su rostro valía más que cualquier lágrima que le hubiera provocado con mi testarudez.

No fue solo un acto de rebeldía, sino mi primera lección de economía, de que el trabajo intelectual vale más que el físico, que la independencia se construye con creatividad y los sueños necesitan estrategia, no solo fuerza.

Mi padre, al verme llegar con más dinero que los demás, arrugó la frente, pero guardó silencio. Fue mi primera victoria no declarada.

En ese momento entendí el círculo sagrado de la pobreza digna: ellos me dieron amor y yo les devolví esperanza.

Cuando cierro los ojos y vuelvo a aquella casa, no veo carencias, más bien recuerdo el olor a frijoles con cilantro que mi madre convertía en banquete y el sonido de la cortina de tela ondeando en mi ventana sin vidrios.

También, las risas de mis hermanos peleando por un sorbo más de Coca-Cola, y las manos blancas de cal de mi padre, siempre trabajando.

Fue una infancia dura, sí, pero jamás infeliz, porque el amor no se mide en metros cuadrados ni en lujos, sino en esos detalles que tallan el alma: un apodo cariñoso, una lucha por mantener la casa impecable, una vara de ciruelo que —aunque dolía— nunca logró quebrar mi espíritu.

Hoy, cuando alguien me llama «terco» o «rebelde», sonrío. Esos no son defectos: son las alas que me sacaron de la pobreza.

Soy aquel niño que se negó a ir al campo, que vendió paletas con ahínco, que durmió en el filo de un sillón... ese niño era yo plantando las semillas del hombre en el que me convertiría.

A los que hoy se sienten atrapados por sus circunstancias, les digo que la vida no te define por donde empiezas, sino por lo que decides construir sobre esos cimientos.

Yo fui el chocoyote. El inesperado. El que llegó para quedarse. Y mi historia recién comenzaba.

MIS HERMANOS: LOS PILARES DE MI HISTORIA

Si mi vida fuera una canción, mis hermanos serían el coro que le da armonía. Olimby, Rubén, Leticia, René y Ramiro: cinco voces distintas que moldearon al hombre que soy hoy. Cada uno, a su manera, puso una pieza en el rompecabezas de mi existencia.

Olimby: la segunda madre.
Mi hermana mayor, me llevaba doce años. Era más que una hermana; era un ángel guardián con delantal de maestra. Recuerdo sus regresos de la Normal de Tetela del Volcán, cuando hacía escala en Cuautla para traerme pantalones de mezclilla, playeras y calcetas nuevas.

«Eres mi consentido», me decía con ternura mientras doblaba meticulosamente cada prenda. A veces, cuando me abrazaba, olía a tiza y a esperanza. Hoy entiendo que en sus ojos yo no era solo su hermanito, sino la oportunidad de dar el amor que nuestra madre, agotada por el trabajo, no siempre podía expresar.

Rubén: el protector herido.
El mayor de los varones, tenía manos grandes y un corazón aún mayor. A los catorce años, cuando debía estar jugando béisbol, encontró consuelo en el alcohol. Lo vi transformarse de un joven lleno de vida a un hombre que luchaba contra sus propios demonios.

Murió a los cuarenta y seis años, pero antes dejó en mí una lección imborrable: la fragilidad no es opuesta a la fuerza. Aún guardo el recuerdo de sus carcajadas cuando me enseñaba a montar bicicleta, antes de que la enfermedad se llevara su luz.

Leticia: el ángel en la Tierra.
Si Dios necesitara ejemplos de bondad pura, señalaría a Leticia. Mi hermana espiritual, la que oraba por mí a las cinco de la mañana cuando el vacío existencial me ahogaba.

Hubo un día, durante una de nuestras travesuras infantiles, en que Ramiro me empujó y caí de cabeza. Fue Leticia quien corrió por ayuda, sus trenzas volando al viento. Hoy, décadas después, sigue corriendo hacia mí cada vez que tropiezo, pero ahora con versículos bíblicos en lugar de curitas.

René: el tallador de carácter.
A René le debo mi terquedad indomable. Con su sarcasmo afilado y sus desafíos constantes, fue el yunque donde se forjó mi carácter. «¡Enfréntalo! ¡Pelea!», me decía cuando alguien me intimidaba.

Ironía del destino: el día que tuve que enfrentarme a él fue el día que entendí que el coraje no es gritar más fuerte, sino pararse firme por lo que uno cree. Gracias, hermano, por enseñarme que a veces los mayores regalos vienen envueltos en asperezas.

Ramiro: el «cuiji» de mi alma.
Ramiro, mi hermano cercano en edad y en corazón. Nos llamaban «los cuijis» porque, como esas lagartijas inseparables, siempre estábamos juntos, incluso cuando estábamos peleados.

Era el «niño Dios» de la familia, el que obedecía todas las reglas. Yo, en cambio, era el diablillo que lo arrastraba a travesuras. En las posadas navideñas, aunque hubiéramos discutido horas antes, caminábamos hombro con hombro cantando para pedir posada. Hoy, sigue siendo mi confidente y mi brújula moral.

JUEGOS Y LECCIONES

Las calles de nuestro barrio fueron nuestro reino. Canicas que valían fortunas imaginarias, carreras en bicicleta que terminaban en rodillas raspadas, y aquella vez que mi cabeza sangró tanto que usaron hojas de libros de texto para limpiarme.

Mis hermanos eran mis compañeros de batalla, mis enfermeros improvisados, mis primeros cómplices. En cada cicatriz que aún llevo, hay una historia que nos une.

Ser el más chico tenía sus privilegios: era el mimado, el que recibía miradas indulgentes. Pero también era el blanco de órdenes contradictorias: «Raúl, tráeme agua», «Raúl, barre el patio», «Raúl, no hagas eso».

Mi respuesta siempre fue la misma: desobediencia creativa. Esa rebeldía, castigada entonces, hoy es el motor de mi pensamiento independiente.

A través de los años, he aprendido que las familias no son perfectas, pero son perfectas para nosotros. Olimby con su amor maternal, Rubén con sus luchas silenciosas, Leticia con su fe inquebrantable, René con sus lecciones duras, Ramiro con su lealtad sin condiciones...

Cada uno talló una parte de mi alma. Juntos, me enseñaron que el amor no se divide, se multiplica (Olimby); las batallas más duras son las que libramos dentro (Rubén); la fe mueve montañas... y a hermanos tercos (Leticia); el carácter se forja en el conflicto (René) y la lealtad es el lenguaje del corazón (Ramiro).

Hoy, cuando miro atrás, no veo simples recuerdos. Veo un mosaico de amor imperfecto, de risas que superaron llantos, de lazos que ni la distancia ni el tiempo han podido romper.

Porque mis hermanos no son solo parte de mi historia, son la tierra donde eché raíces y el cielo al que siempre aspiro.

Recuerdo particularmente que las madrugadas eran mis cómplices. A las once, a la una, a veces hasta las dos de la mañana, yo seguía despierto, atrapado en mis pensamientos. No era insomnio, era hambre. Hambre de algo que no podía nombrar, pero que sabía que existía. En ese entonces no soñaba con ser doctor o abogado. Soñaba con ser rico. No por avaricia, sino por libertad.

En la pobreza, aprendí las lecciones más valiosas: Que la dignidad no depende de lo que tienes, sino de lo que eres; que los sueños no ocupan espacio físico y que la educación es el pasaporte a otro mundo.

En la escuela, encontré mi primera misión: ayudar a los que se quedaban atrás. Mientras otros niños jugaban al recreo, yo me quedaba explicando matemáticas a los que no entendían. «¿Por qué lo haces?», me preguntaban. No tenía una respuesta lógica entonces. Ahora sé que era mi manera de devolverle al universo la certeza de que todos merecemos oportunidades.

La maestra Bulmara, esa mujer sabia que ya partió de este mundo, lo vio antes que yo. «Les enseñas a los demás», dijo cuando me dio el reconocimiento de aprovechamiento. Los primeros de la clase protestaron, pero ella sabía algo que ellos no entendían: el verdadero éxito se mide por cuánto levantas a otros contigo.

Aquellas noches frente al ventanal me enseñaron a visualizar ese futuro que a esa edad lucía incierto e inalcanzable. Mientras afuera el viento movía las hojas de los árboles, yo construía en mi mente una casa blanca con bugambilias en el jardín y un patio enorme donde pudieramos jugar mis hermanos y yo. No sabía cómo llegaría a ella, pero estaba seguro de que existía.

Hoy, cuando paso las manos por los marcos de las ventanas de mi casa actual —grande, luminosa, como aquella que soñé—, no puedo evitar sonreír. El niño que dormía empapado bajo un abrigo prestado nunca imaginó los detalles, pero sí supo lo esencial: que los sueños, cuando son auténticos, tienen poder creador.

Ese sillón raído por los años y esa ventana sin vidrios siguen conmigo, aunque hace décadas que no vivo en aquella casa. La llevo en la gratitud por lo que tuve y lo que no tuve; la certeza de que las limitaciones son temporales y la convicción de que todos merecemos nuestro pedazo de cielo.

Cuando miro por las ventanas de mi presente o me siento en los sillones de piel de mi oficina, veo el reflejo de aquel niño curioso que supo, desde siempre, que había algo más. Y le digo, en silencio: «Lo logramos, chamaco. Lo logramos».

Porque al final, la vida no se trata de cuánto espacio tienes, sino de cuán grande puede ser tu visión cuando te atreves a mirar más allá del marco.

LA TIERRA NO PUDO RETENERME

Desde los ocho años, el campo quiso devorarme. Mi padre, hombre de tierra y sol, veía en mí la continuación natural de su jornada: levantarse al amanecer, agarrar la pala, doblar la espalda sobre los surcos interminables. «Así es la vida», me decía mientras afilaba sus herramientas. Pero algo en mi corazón gritaba que ese no sería mi destino.

Recuerdo aquella vez que me llevó a la milpa. El calor pegajoso de Morelos se adhería a la piel, los mosquitos zumbaban como avionetas en mis oídos, y mis manos pequeñas no podían sostener bien la herramienta. «Míralo, parece muñeco de trapo», se burlaban mis hermanos. Pero lo que más me dolía no era el cansancio físico, sino la sensación de estar atrapado en un futuro que no elegí.

Las peleas con mi padre eran épicas. «¡Vas a ir y punto!», rugía él, con una soga en la mano lista para usarla como látigo. «¡No voy!», respondía yo, sabiendo lo que venía. Los golpes ardían, pero mi terquedad ardía más.

Lo más curioso es que no era flojera lo que me hacía rechazar la orden de ir a trabajar al campo, como todos mis hermanos creían. Era convicción.

Mientras mis hermanos se resignaban, yo sentía que cada golpe de azadón enterraba mis sueños. «¿Qué más puedes hacerme? ¿Matarme?», le espeté una vez, con lágrimas de rabia más que de dolor. «Muerto menos voy».

La gente se reía cuando decía que quería trabajar «tras un escritorio». En un pueblo donde el 90 por ciento de sus habitantes vivía del campo, sonaba a disparate. Pero yo ya tenía mi visión: «No quiero oler a tierra sudada. Quiero oler a papel nuevo, a tinta de contratos. No quiero callos en las manos, quiero dominar los números», pensaba.

Hoy, cuando firmo documentos en mi oficina, a veces cierro los ojos y veo a ese niño terco de ocho años. Le sonrío y le digo: —«Valió la pena, ¿verdad?»

El campo me enseñó lo que no quería, pero también valores que llevo a mi trabajo actual: Siempre debe tenerse respeto por quienes trabajan la tierra. Yo nunca menosprecié su labor, sino siempre valoré sus enseñanzas. También es fundamental la perseverancia. Pensaba que, si resistí varazos, podía resistir fracasos.

Es importante también tener una visión a largo plazo; es decir, sembrar ideas como en el campo se siembra maíz.

Mi padre nunca entendió mi decisión, pero antes de morir, viendo mi casa y mi negocio, me dijo: «Al menos no te quedaste estancado».

Fue su manera de decir «estoy orgulloso».

Al campo le debo mi terquedad. A mi padre, mi fuerza. Y a mi rebeldía, la vida que tengo hoy. Porque a veces, para encontrar tu camino, primero hay que negarse a pisar el que otros trazaron por ti.

LA POBREZA NO DETERMINA TU DESTINO: MEMORIAS DE UN VENCEDOR

Nací en un lugar donde el mundo había escrito mi futuro con tinta de resignación. «Los pobres mueren pobres», decían. Pero algo en mí, quizás esa terquedad que tanto molestaba a mi padre, se negó a aceptar el guión que otros habían preparado para mí. Descubrí que la pobreza es una circunstancia, no una condena.

Crecí en una casa donde el dinero escaseaba, pero el amor sobraba. Mi madre, esa santa mujer llamada Gloria, tenía el corazón tan grande que cabía el mundo entero. Recuerdo a los aboneros que pasaban vendiendo a plazos:

—Señora Gloria, ¿quiere un refrigerador?

—Sí.

—¿Una tina nueva?

—Sí.

—¿Unas jícaras, cubetas, colchas?

—Sí, sí, sí.

Yo, con mi lógica infantil, le preguntaba: «Mamá, ¿para qué quieres tantas cosas si no tenemos dinero?» No entendía entonces que su generosidad no era ingenuidad, sino una fe inquebrantable en la abundancia. De ella heredé mi primera fortuna: la certeza de que dar no empobrece, sino enriquece el alma.

La escasez me enseñó lecciones que ninguna universidad podría impartir, como la creatividad, pues un huevo se convertía en banquete para ocho personas; la resiliencia, porque dormir mojado te hace apreciar la comodidad de estar seco.

También la dignidad la vi en la cal que blanqueaba nuestra casa y para mí valía más que el oro, o cuando mis compañeros de escuela presumían zapatos nuevos, yo aprendía a caminar con orgullo en mis sandalias rotas. No era pobreza, era entrenamiento para valorar lo esencial.

Luego llegó un punto de inflexión, cuando decidí cambiar mi historia. A los 12 años, vendiendo paletas y dulces bajo el sol inclemente, tuve mi epifanía: «Si puedo ganar más que mis hermanos en el campo, quizás pueda ganar más que todos en la vida». Fue entonces cuando empecé a entender que la pobreza no es la falta de dinero; si no la falta de sueños. Y decidí hacer algo al respecto.

Empecé a visualizar mi futuro no desde la carencia, sino desde la posibilidad. No quería ser rico para presumir, sino para demostrar que un niño que vivía en una casa de dos cuartos podía reescribir su destino.

Finalmente, el esfuerzo trae una recompensa y las cicatrices se convierten en medallas. Hoy, cuando me hospedo en hoteles de lujo y pido la cama más grande, mi cuerpo sigue buscando el borde, como cuando dormía en aquel sillón.

Es un recordatorio físico de que las marcas de la pobreza no se borran, pero se transforman en recordatorios de lo lejos que he llegado.

Esas noches frías me enseñaron a apreciar el calor. Esos platos medio vacíos me hicieron saborear cada bocado de abundancia. Esas humillaciones silenciosas forjaron mi carácter indomable.

En mi carrera como agente inmobiliario, llevo conmigo todas esas lecciones:

Empatía: Nunca vendo lo que no compraría.
Transparencia: Muestro 50 casas si es necesario.
Integridad: Ser pobre no justifica ser deshonesto.

Cuando un cliente duda, le cuento mi historia. «Si yo pude pasar de dormir en un sillón a tener mis propias propiedades, tú puedes dar este paso», les digo.

Así fue como la pobreza me dio los mejores regalos, y yo pude entender su mensaje para aprovecharla a mi favor.

De ella obtuve humildad para recordar mis raíces, ambición para no conformarme y gratitud por cada pequeña victoria.

Hoy entiendo que aquellos años difíciles no eran un castigo, sino el terreno fértil donde sembré los valores que hoy me sostienen.

A los jóvenes que hoy se sienten limitados por sus circunstancias, les digo que sus orígenes no son su destino, que la pobreza puede ser su mejor maestra y principalmente que los sueños no cuestan dinero, solo valentía y dedicación.

Mi vida es la prueba viviente de que cuando cambias tu mentalidad, cambias tu realidad.

Hace poco, volví a mi pueblo natal. La casa de dos cuartos ya no se parece a la de mi infancia. Mi hermana Leticia la ha ido modificando por el paso de los años.

Entré en la habitación donde estuvo el viejo sillón donde dormía cuando era niño y no pude dejar de pensar en la palabra: «Gracias». Porque cada noche incómoda, cada varazo con la rama de ciruelo, cada orden que me negué a aceptar, fueron los peldaños que me llevaron hasta aquí.

También, pude ver la casa de mis sueños hecha realidad. La vi como quien reconoce algo que ya llevaba dentro de mi desde hace años, pero perfeccionada con el paso del tiempo.

En una esquina del terreno, un pequeño jardín zen. Una estatua de Buda, en posición de meditación, reposando sobre una base rectangular que parece más altar que decoración. Alrededor, agaves firmes y otras plantas, adornadas con piedras volcánicas acomodadas con una intención casi ceremonial. El césped apenas creciendo, como si también él estuviera empezando su propia historia. Y claro, el muro blanco, alto, que regala silencio y privacidad, pero ahora de concreto, evocando el mismo muro que mi padre encalara cuando yo era niño.

La fachada de corte moderno, con líneas rectas y volúmenes definidos. Blanco y gris oscuro, piedra negra encuadrando la entrada. La puerta, enorme, negra, sin adornos, me recibió como si supiera que llevaba años buscándola. Los ventanales —de vidrio templado, amplios— dejan pasar la luz y el paisaje.

En la terraza, sobre el piso de concreto, hay un conjunto de sillones oscuros con su mesa, junto a un árbol tipo bonsai en una maceta cúbica emulando a ese guayabo que fue mi aliado en tantas aventuras y sueños.

Había algo sagrado en esa escena, como si el tiempo se hubiera detenido para que yo pudiera entender que estaba en el lugar correcto viendo otro sueño hecho realidad.

Ahora, cada vez que voy a México y me quedo en esa casa, confirmo que los sueños —si uno los cuida, los trabaja y les habla bonito— terminan encontrando el camino para alcanzarnos.

Porque la pobreza no determina tu destino; solo determina tu punto de partida. El recorrido lo decides tú.

—CAPÍTULO 3—

EL ALUMNO QUE **ENSEÑABA** A LOS DEMÁS

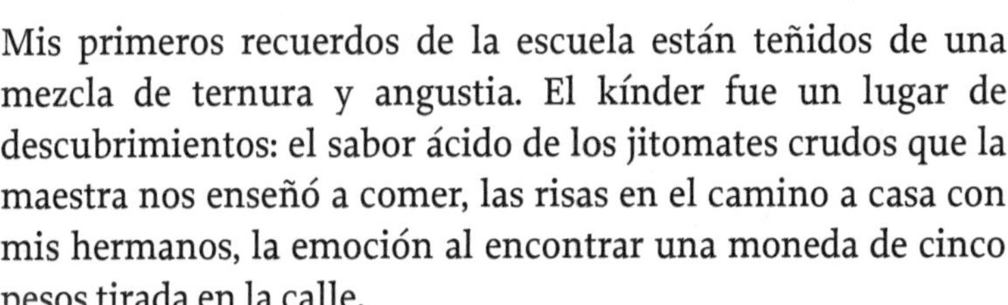

Mis primeros recuerdos de la escuela están teñidos de una mezcla de ternura y angustia. El kínder fue un lugar de descubrimientos: el sabor ácido de los jitomates crudos que la maestra nos enseñó a comer, las risas en el camino a casa con mis hermanos, la emoción al encontrar una moneda de cinco pesos tirada en la calle.

Pero también guardo en la memoria la inquietud punzante por aquel niño que jugando me amenazaba con enterrarme un clavo en el estómago. No lloré, porque no sentía miedo, pero el corazón se me aceleraba cada vez que se acercaba.

Fue mi hermano René quien me enseñó que algunas batallas no se eligen, pero sí se deben pelear con todo para ganarlas. «O le pegas, o yo te pego», me dijo. Y aunque no recuerdo detalles ni haber golpeado a mi acosador, sí recuerdo la liberación de saber que podía defenderme.

Cuando somos niños, sobre todo en algunas zonas de México, huir de la violencia no siempre es una opción viable porque eso significa estar mirando siempre detrás del hombro para tratar de eludir al próximo agresor. En muchas ocasiones aprendemos que más vale enfrentar de una vez por todas al enemigo y demostrarle que sabe uno defenderse. Esa fue la lección que mi hermano René me estaba enseñando, a enfrentar al miedo en lugar de huir de él.

La primaria, sin embargo, fue un monstruo distinto. En primero de primaria, entre un mar de 40 niños, me sentía invisible y a la vez expuesto.

No dinstinguía lo que se exponía en el pizarrón, y no entendía porqué. Cada vez que la maestra me llamaba al frente, me llenaba una angustia sin control. Sentía que el mundo me aplastaba.

Todo cambió en segundo grado. Un día, frustrado por no entender la lección, me acerqué al alumno más brillante del salón.

«¿Me prestas tu libreta?», le pregunté. No para copiar las respuestas, sino para descifrar los ejercicios. Así descubrí mi primera estrategia: si no podía ver, escucharía. Si no alcanzaba, me movería. Empecé a arrastrar mi banca hasta la primera fila, a preguntar sin vergüenza.

Pero lo que realmente me transformó fueron los recreos. Mientras los demás jugaban, yo me quedaba en el salón con seis o diez compañeros que, como yo antes, no entendían. Les explicaba sumas, les leía en voz alta.

Como los antiguos griegos escondidos en cuevas para compartir el conocimiento que los poderosos no querían que se difundiera, así podía catalogarse a ese grupo de niños interesados no solamente en jugar y divertirse, sino también en aprender.

Sus caras de alivio eran mi recompensa. No me importaba si el alumno más inteligente del salón resolvía más rápido o si otro compañero memorizaba mejor. Yo tenía algo que ellos no: la certeza de que nadie debería sentirse tan perdido como yo me había sentido.

Esa satisfacción de trabajar en equipo, de pertenecer a un grupo con el que compartes una afición tan profunda como el estudio, me llenaba de satisfacción, de una intensa alegría que quizá no dimensionaba en su totalidad entonces pero que ahora recuerdo como un faro en ese mar tormentoso de la escuela.

Después, ya con 12 años cumplidos, mi problema de aprendizaje se reveló: necesitaba lentes, por eso no alcanzaba a leer lo que ponía la maestra en el pizarrón. Algo tan simple, pero lamentablemente tan difícil de detectar en las escuelas en esa época. Ahora sí podía ver y fue evidente en mi aprovechamiento.

Lamentablemente, en zonas rurales es muy común esa situación: menores que tienen un problema que no es grave, pero la ignorancia, la falta de apoyo, el desconocimiento lo vuelven grande.

Al final del año, cuando la maestra me entregó el reconocimiento al primer lugar, el alumno más inteligente del salón estalló: «¡Tú ni siquiera ves el pizarrón!».

Afortunadamente la maestra intervino con palabras que aún resuenan: «Raúl no solo aprende, también enseña a sus compañeros, y eso vale más». Por primera vez, entendí que el liderazgo no era solamente ser el mejor, sino hacer que otros también lo fueran.

Esa fue una de las primeras veces que me sentí validado, no solo por lo que sabía, sino por lo que compartía. Y aunque quise cederle el reconocimiento al alumno más brillante del salón por cortesía, la maestra reafirmó que me lo había ganado.

Esa experiencia reforzó mi sentido de justicia y me enseñó que liderar también es compartir sin miedo a que otros brillen. Sentí que no se trataba de competir por brillar más, sino de encender más luces alrededor, de hacer que el salón completo aprendiera y creciera conmigo.

De todos modos, en quinto grado volvió a estar ese niño conmigo y le gané nuevamente el reconocimiento de aprovechamiento. Y ahí ya no me sentaba con él, me sentaba con alguien más. Así que la vida le dio la oportunidad de ganarme en quinto y tampoco pudo. Para mí, más que una revancha, fue una confirmación de que el esfuerzo constante, sin rencor ni competencia malsana, tiene su recompensa.

No había rabia en mí, solo una certeza creciente de que cuando uno hace las cosas desde el corazón y con propósito, los resultados llegan solos.

Para quinto grado, ya no era el niño que lloraba. Era el que peleaba. No por mí, sino por otros.

Recuerdo a Israel, mi vecino de ocho años, acorralado por un joven de catorce que ya había repetido el grado varias veces.

—Déjalo en paz —le dije al grandote.

—No te metas —el grandulón me escupió una amenaza.

Pero yo ya no era el de antes. Recuerdo que mi padre me dio el consejo de «si te golpean primero, pégale más fuerte», así que le di una patada en los tobillos y lo derribé. Después, cegado por la rabia, lo arrinconé contra una pared y lo azoté con fuerza.

Fue excesiva mi reacción, lo supe incluso entonces. Pero esa noche, mientras me temblaban las manos, entendí algo peligroso: el poder da miedo, pero también responsabilidad. Porque una cosa es combatir la violencia, pero si se hace sin control, terminamos generando una violencia peor, una que escala más, y eso nos convierte en personas peligrosas. La fuerza sin control, la violencia sin límite, es una peligrosa arma que puede traer consecuencias lamentables.

Ese mismo año, otra injusticia me obligó a actuar. Cuando anunciaron los seleccionados para la escolta, ese grupo privilegiado que custodia la Bandera Nacional en todos los eventos cívicos, resulta que ningún alumno del grupo C, que era el mío, fue elegido.
Todos los designados venían de los grupos A y B, cuyos maestros los preparaban en sus casas después de clases. Mi maestra, en cambio, apenas cubría lo básico.

«No es justo», protesté, porque nos calificaron con base a temas que ni siquiera habíamos visto. Y entonces hice algo que nadie, ni siquiera yo mismo, esperaba: al llegar a sexto, cambié de grupo para aprovechar mejor mi tiempo.

—Regresa al grupo C —me pidió mi antigua maestra.

—Mande mis papeles al profesor Cándido. Me quedo aquí —respondí, firme.

Mi estancia en el sexto B fue un renacer. El profe Cándido creía en nosotros, nos exigía. Y aunque seguía siendo el niño que corregía al abusón del salón, ahora también era el que ayudaba a los rezagados.

No era perfecto: a veces mi terquedad me ganaba, otras veces mi temperamento. Pero ya no era el que esperaba a que alguien más resolviera las cosas. No lo sabía, pero iba forjando mi carácter y edificando mi sentido de la justicia.

Así se va edificando la personalidad de un hombre, con esos golpes que da la vida. Como el mazo que golpea el hierro ardiente para moldearlo; pueden ser golpes terribles pero finalmente le van dando forma y dureza al carácter.

Hoy, cuando miro atrás, veo cómo aquellas batallas de infancia moldearon lo que soy. Aprendí que el miedo se vence con acción, aunque sea un acto que pudiera parecer vergonzoso, como arrastrar una banca al frente del salón de clases.

También entendí que la generosidad no te hace débil; te hace indispensable para los necesitados y te permite darles una ayuda que puede marcar una diferencia en su vida.

También, conservo en mi corazón a esos dos maestros que dejaron una huella profunda en mi vida: la maestra Bulmara, en segundo grado, el ángel en mi camino, que no solo me enseñó a sumar o a leer mejor, sino a confiar en mí mismo. Luego, en sexto grado, apareció el profesor Cándido, un hombre serio pero justo, con una mirada que te leía el alma. Él no toleraba la mediocridad, y gracias a eso me empujó a exigirme más, a tomarme en serio el estudio y la responsabilidad. Cada uno, a su manera, plantó en mí una semilla distinta: Bulmara, la del amor por aprender; Cándido, la del compromiso con lo que uno elige hacer. Ambos siguen vivos en mi memoria, como faros que me guiaron cuando más lo necesitaba.

Cuando uno crece, cuando se es adulto y se acumulan las experiencias en la vida, estas situaciones pueden parecer obvias o bastante lógicas, pero en la mente de un niño que apenas va abriendo los ojos a la adolescencia, son enseñanzas que valen oro, aprendizaje que puede forjar un camino para volverse una persona responsable o bien puede hacernos torcer el rumbo y echar a perder una vida.

Además, me di cuenta que la justicia no es un discurso, es una decisión diaria que se nutre de pequeñas, medianas y grandes decisiones que no siempre son fáciles o claras.

Y sobre todo, entendí que un verdadero líder no nace siendo el más fuerte. Se hace eligiendo, una y otra vez, no quedarse callado. Ni ante un pizarrón borroso, ni ante un abusón, ni ante un sistema que dice «tú no puedes».

Esta es la historia de cómo un niño llorón se convirtió en líder. No por ambición, sino porque alguien, en algún momento, tuvo que dar el primer paso. Y ese alguien fui yo.

— CAPÍTULO 4—

LLAMADO AL **MINISTERIO,** FE Y REBELDÍA

LOS AÑOS QUE MOLDEARON MI FE

Todo comenzó a los ocho años, cuando el corazón enfermo de mi padre me convirtió en su pequeño guardián. Cada domingo, lo acompañaba a la iglesia cristiana con un temor infantil: «¿Y si le pasa algo en el camino?».

Al principio, ir era un deber incómodo. Los bancos de madera me parecían duros, los sermones interminables. Pero alrededor de los nueve o diez años, algo cambió.

Las alabanzas empezaron a resonar en mí de otra manera. Ya no eran solo canciones; eran puertas a algo más grande. A los once años, pisé por primera vez una cárcel para compartir la Palabra. El miedo que sentí al cruzar esos portones de metal se transformó en una certeza: «Dios está aquí, en este lugar oscuro».

A los trece años, mi pastor me hizo una pregunta que marcaría mi adolescencia:

—¿Quieres ir al Instituto Cristiano para Pastores?

—Sí —dije sin imaginar lo que vendría.

Jantetelco, Morelos, se convirtió en mi hogar durante dos años. Allí, entre montañas y huertos, viví una formación que iba más allá de lo espiritual:

- Aprendí a cocinar con calabazas que parecían multiplicarse como los panes del Evangelio.
- Evangelicé en la sierra, donde el aire olía a tierra mojada y las miradas de los campesinos me enseñaron más que cualquier sermón.
- Prediqué por primera vez en un pueblo tan pequeño que no aparecía en los mapas. Mi voz temblaba, pero la gente asentía como si cada palabra fuera para ellos.
- Luego llegué a Pachuca, la capital de Hidalgo, uno de los estados donde se ubican las zonas más pobres del país, donde pasaría tres años más.

- Prediqué en una iglesia humilde los domingos por la mañana y, cada tres meses, frente a doscientas personas en la iglesia central. Mi tesis —una síntesis del Antiguo Testamento con diseños que dibujé durante noches enteras— fue llamada «la mejor en veinte años».

Pero algo no encajaba.

Por más que la gente me abrazaba después de los cultos, por más que mis compañeros me admiraban, yo sentía un vacío. A los dieciocho años, después de seis meses llorando en mi cuarto y pidiéndole a Dios una señal, entendí: «Este no es mi lugar».

El instituto no solo me dio fe; me dio carácter.

El hoyo que nunca terminaba: el director me castigó y me puso a cavar un agujero enorme en el patio.

Luego de mucho esfuerzo, cuando ya estaba terminado, me pidió taparlo.

—¿Para qué? —pregunté.

—Para que aprendas que algunas tareas no tienen sentido, pero se hacen igual —respondió.

Otra de las tareas fue pasar semanas lijando madera bajo el sol. Las astillas se clavaban en mis dedos, pero nunca me quejé. Sabía que, detrás del castigo, había una lección sobre perseverancia.

Entre las clases de griego, hebreo y teología, también hubo risas. Mis travesuras, como cambiar los cuadernos de los compañeros o imitar al director, me granjearon fama de «el travieso».

Pero esos mismos compañeros, venidos de todo México, se convirtieron en mi familia. Juntos, evangelizamos en pueblos donde el único mapa era la voz de los ancianos.

A los doce años, conocí al licenciado Jesús Hernández López en la papelería de la iglesia. Yo era un adolescente, casi niño, tímido, torpe con los cálculos, pero él vio algo que yo no.

—Raúl, cuando limpies, hazlo bien —me dijo—. Quiero que cuando pregunten: «¿Quién limpió?», digan: «Raúl Sánchez».

Sus palabras/consejos se me grabaron a fuego: «Si vas a pintar, pinta bien». «Si vas a despachar, sé el mejor despachando».

Me dejó a cargo de la papelería. Al principio, me equivocaba con el cambio, pero meses después ya negociaba con proveedores. Sin saberlo, estaba aprendiendo a vender, una habilidad que años más tarde me haría triunfar como agente de seguros, aunque al principio lo odiara.

Fue él quien me puso en las manos mi primer libro fundamental, «El Vendedor Más Grande del Mundo», de Og Mandino, una guía para superarse, que me llegó en el momento justo.

También fue Jesús quien insistió en que me inscribiera en un curso de conversación por correspondencia, y así lo hice: lo compré. «Enamórate de lo que hagas», me decía Jesús. Y lo logré: hasta de vender seguros me enamoré.

Pero en Pachuca, mientras predicaba cada domingo, mi corazón gritaba otra cosa porque no tenía paz, me llenaba una inquietud que nacía no se dónde y me inundaba el alma.

Pasé seis meses llorando en mi habitación, orando con un dolor que no sabía nombrar:

—«Dios, si este no es mi camino, llévame a otro lugar».

La gente me amaba como pastor. Mis sermones conmovían. Pero una voz insistía: «Hay algo más». Y en mi interior se desataba una lucha sin cuartel, una inquietud que no me dejaba en paz.

Una noche, después de predicar sobre el «llamado divino», supe que mi propio llamado, mi vocación, era alzar el vuelo, quemar mis naves, partir a buscar lo desconocido.

No me arrepiento de nada. Aquellos años me dejaron dos versículos bíblicos como anclas, que parafraseo a continuación: Eclesiastés 11:9 —«Goza la vida con responsabilidad»— y Mateo 22:37-39 —«Ama a Dios y a tu prójimo».

La fuerza para decir «no» en Los Ángeles, cuando las tentaciones golpeaban mi puerta, me reforzó la convicción de que todo, hasta lijar maderas bajo el sol, forja algo.

Hoy, cuando negocio una propiedad o hablo frente a cientos de personas, sé que esa voz clara y firme nació entre bancas de iglesia y caminos polvorientos. En cada una de las experiencias que viví y en cada una de las enseñazas que me dio la gente que tuve cerca.

Dios no me llamó a ser pastor. Me llamó a ser Raúl Sánchez.

— CAPÍTULO 5—

DEL CONSEJO AL CRUCE: LA TRAVESÍA QUE LO CAMBIÓ TODO

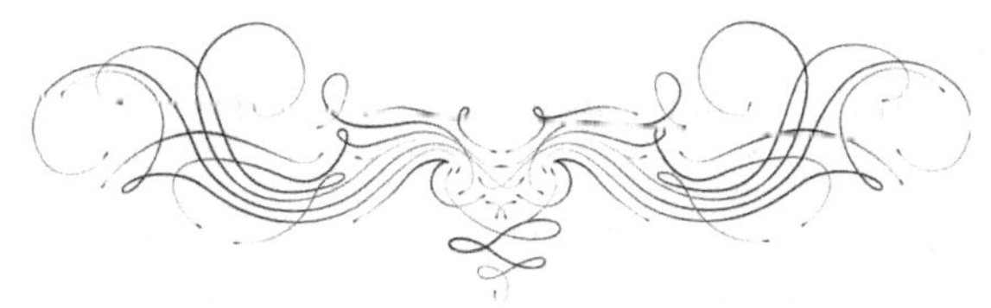

LAS VOCES QUE TALLARON MI ALMA

A veces, la vida te coloca frente a personas que no solo cruzan tu camino, sino que lo redefinen.

Son personas cuya misión es un poco abrirnos los ojos y un poco abrirnos las alas, y lo complementan con acciones equivalentes a darte una patada en el trasero para obligarnos a dejar nuestra zona de confort y enfrentar nuevos retos. Crecer, aprender, mejorar.

Es muy probable que la primera vez que nos vemos en esas situaciones, que vivimos esos encuentros, no lo entendamos. Que incluso reneguemos de la vida por tratarnos así, por ponernos enfrente ese tipo de personas, pero quien tiene los ojos del alma abiertos y el corazón en paz, se dará cuenta que son lecciones y tenemos que aprenderlas bien para no tener que repetirlas.

Jesús Hernández y Rocco Lombardi fueron dos de esas almas talladoras, hombres cuyas palabras no se limitaron a consejos, sino que se convirtieron en los cimientos de mi ética, mi hambre y mi verdad.

Recuerdo el primer encuentro con Jesús Hernández como si fuera una escena pintada a mano: ese hombre de voz profunda, elocuencia afilada y un carácter que podía helar la sangre.

El hombre despertaba una ansiedad, una especie de temor, como cuando va uno por la calle y ve un enorme perro obstruyendo nuestro camino. Sin ladrar, sin gruñir, solamente ahí parado, con toda su fiereza de can gigante que nos puede acabar a mordidas, y uno titubeando, sin saber si seguir de frente como si no estuviera, darle la vuelta o de plano echar a correr.

Jesús hablaba como si cada palabra fuera un decreto, con una seguridad que intimidaba a cualquiera. Pero detrás de esa severidad, había algo más... algo que, con el tiempo, entendí: era un espejo.

Durante seis meses me trató con una severidad y dureza que hoy agradezco. «Raulito», me decía con un tono que hacía temblar mis huesos, hasta que un día, sin previo aviso, su voz se suavizó: «No puedo creer que seas el mismo Raulito de hace seis meses».

Yo trabajaba en una papelería, detrás de un mostrador polvoriento, cuando él me soltó la frase que me sacudió el alma:

«Mijo, yo no quiero que te quedes toda tu vida aquí. Tú tienes capacidad para hacer mucho más». Ese fue un parteaguas.

Esa simple oración fue el empujón que necesitaba. No era solo motivación; era un desafío. ¿Y si él tenía razón? ¿Y si realmente había más?

Cuando alguien nos demuestra que nos tiene fe, que nos tiene una confianza incluso mayor a la que sentimos nosotros mismos por nuestra persona, el corazón experimenta una sacudida ¿cómo es posible que alguien me vea con mejores ojos que yo mismo?

Y esa fe se convierte en un aliciente pero también en un reto: hay que corresponderle a quien nos da el impulso, a quien nos brinda su confianza. Ya no es solo demostrarnos a nosotros mismos que podemos, sino también a esa persona o personas que nos animan.

Jesús no solo me inspiró a entrar a la escuela cristiana; me enseñó a creer en el «más». En el «más allá» de lo evidente, en el «más fuerte» que podía ser, en el «más grande» que él ya veía en mí, incluso cuando yo no lo distinguía.

También recuerdo las frases que se convirtieron en mandamientos. De Jesús Hernández, guardo una máxima grabada a fuego:

«Enamórate de lo que hagas. No importa lo que seas, hazlo bien. Sé el mejor.»

Esa frase se convirtió en mi brújula. No importaba si limpiaba pisos o cerraba negocios: si lo hacía, lo haría con pasión, poniento mi alma y mi corazón de cada tarea.

Y luego está otro pilar fundamental en mi formación: Rocco Lombardi, el hombre que me enseñó que la honestidad no es una virtud, sino la única forma de vivir.

«En el negocio, siempre habla con la verdad», me decía.

Pero su lección más poderosa fue otra: «Escribe tus metas. Hazlas tangibles.»

Recuerdo ese cuadernillo amarillo, de hojas rayadas, donde plasmamos cada paso de nuestro proyecto. Dos años después, estábamos viviendo exactamente lo que habíamos escrito. El poder de la palabra escrita.

«Si lo escribes, le das una orden al universo», repetía Rocco.

Y tenía razón. Aprendí que los sueños no se piden; se exigen. Se trabajan. Se escriben.

LA TRAVESÍA: CUANDO EL DESIERTO ME HIZO HOMBRE

Cruzar la frontera no fue un viaje; fue una ceremonia de iniciación. Un jueves por la tarde, salí de Mexicali, en Baja California, con un galón de agua y la promesa de «solo dos horas de caminata» para cruzar la frontera a Estados Unidos. California era la tierra prometida.

Pero esas dos horas prometidas de caminata fueron mentira.

Este desierto es una de las regiones más calurosas del país y del mundo. Durante los meses de verano, especialmente junio, julio y agosto, las temperaturas pueden alcanzar niveles extremos, entre 45 y 50 grados centígrados. Por eso la llaman «la ciudad que capturó al sol», por su calor extremo y baja humedad, que la vuelven territorio hostil para los seres vivos.

Total que esas dos horas se convirtieron en caminar jueves en la tarde, jueves en la noche, viernes todo el día, sábado todo el día... y llegamos hasta el domingo.

Nos dieron agua, aunque no recuerdo exactamente cuándo. Sí tengo muy presente que, en la madrugada del jueves, mientras caminábamos, empecé a alucinar: imaginaba una choza con una gran tinaja, las gotas resbalando por fuera, el líquido frío esperándome. La veía tan real... pero no estaba ahí. Y es que lo que más anhelaba en ese momento era poder hidratarme.

El domingo, ya en Estados Unidos, nos dieron pan blanco y jamón redondo. Estábamos tan mal de la garganta que no podíamos comer nada. Nuestra garganta se había cerrado. Solamente podíamos tomar agua... y también nos dolía la garganta por tomar agua.

Llegamos a una casa en el este de Los Ángeles y éramos alrededor de 75 personas en una Rambler, que es una casa de un solo piso con tres recámaras, en pleno barrio East LA. Eran como las 11 de la mañana y a las 6 o 7 de la tarde ya me estaban entregando en Southgate, California, en casa de mi prima Reina.

Después me enteré que a los ocho días de haber estado en esa casa tipo Rambler, Migración hizo una redada y se llevó a 45 personas que estaban allí, incluyendo a los guías que me habían cruzado.

Recuerdo que salieron en el periódico y los vi en la foto y le dije a mi tía: «Tía, tía. Mire, estos dos muchachos fueron los guías que nos trajeron a Estados Unidos y se los llevaron».

O sea que, si hubiera estado ocho días más ahí en esa casa, me hubieran deportado a mí también. Pero gracias a Dios, no fue así.

Me pongo a pensar en todo lo que se conjugó en el Universo para que yo hubiera corrido con la suerte de irme antes de esa casa: hubiera tenido el mismo triste destino de los demás migrantes de verme deportado a México.

Afortunadamente, el destino me tenía otros planes.

Recuerdo mi primera búsqueda de trabajo. Me sentía perdido. Mi tía me entregó un dólar y veinticinco centavos al llegar y me dijo: «Con esto compras el periódico y tomas el autobús. Busca trabajo».

Yo, con 18 años, sin hablar inglés, llorando en una parada de bus, entendí algo crudo: nadie vendría a salvarme, estaba por mi cuenta.

La desolación de ese día fue tan inmensa como en la caminata que di por el desierto para llegar a la ciudad. Eran diferentes peligros los que enfrentaba pero la sensación de soledad y de abandono era muy parecida.

Cuando nos enfrentamos a algo desconocido, es lógico sentir miedo, desazón, angustia. Era la primera vez que estaba en esa situación y no sabía qué hacer, todo lo aprendido hasta ese día de mi vida no me iba a servir porque era un reto nuevo. Tenía que improvisar y seguir mis instintos.

Tardé dos semanas, me sentía desesperado porque no hallaba nada, hasta que conseguí mi primer empleo. No era elegante, pero era un comienzo.

Años más tarde, un amigo afroamericano me dijo algo que me hizo temblar:

«Raúl, tu fuerza para negociar, para luchar... viene de ahí. Del desierto. De haber cruzado sin garantías. Imagínate haber cruzado la frontera».

Tenía razón. Esa travesía no solo me dio resiliencia; me enseñó que el éxito no se pide. Se toma.

EL ADIÓS QUE ME PARTIÓ EL ALMA

La mañana que dejé Pachuca, en el estado de Hidalgo, llevaba una maleta liviana pero un corazón que pesaba como plomo.

Pachuca es una ciudad pequeña, la capital del estado de Hidalgo, donde el viento y el frío han moldeado el carácter de los hidalguenses igual que los cerros que los rodean. Son gente cálida, cuya amabilidad contrasta con la dureza del clima. Los iba a extrañar.

Abordé el autobús que se dirigía de ahí, del centro del país, hasta la ciudad de Piedras Negras, Coahuila, en la frontera con Estados Unidos. Una travesía de cerca de mil kilómetros.

Cuando arrancó el autobús lo hizo con un estruendo que ahogó mis sollozos, pero no pudo silenciar el desgarro interior. Miré por la ventanilla cómo se iban alejando las calles conocidas, cómo íbamos recorriendo esos valles hidalguenses inmensos, los cerros imponentes y sentí que estaba dándole la vuelta a una hoja muy importante del libro de mi vida.

A mis 18 años, cada kilómetro que nos alejaba de Hidalgo sentía cómo se desprendían pedazos de mí: las tardes de fútbol con mis hermanos en el callejón polvoriento, el olor a canela de las gorditas que mi madre amasaba los domingos, las carcajadas de mis amigos en la plaza central donde crecimos.

El llanto no era solo tristeza: era duelo.

Mi hermana —mi ángel y verdugo en aquellos días— se convirtió en mi única tabla de salvación. La escena se repite nítida en mi memoria:

—Consígueme dinero para el coyote —le rogaba por teléfono desde una caseta de Piedras Negras, mientras contaba y recontaba los pocos billetes que me quedaban.

—Regresa a Axochiapan —me ordenaba ella, con esa voz práctica que tanto me exasperaba.

—¡No me voy a rendir! —grité al tercer día, ya con la garganta rasgada por el llanto.

Esperé ocho días interminables en una pensión barata, durmiendo en turnos por miedo a que me robaran lo poco que llevaba.

Cuando finalmente me dijo: «Ya está, toma el autobús a Mexicali», supe que aquel viaje no era solo hacia Estados Unidos: era un salto al vacío de mi propia identidad.

Hay una canción del argentino León Gieco que dice: «Sólo le pido a Dios / que el futuro no me sea indiferente/ desahuciado está el que tiene que marchar / a vivir una cultura diferente».

Y yo no me sentía desahuciado pero sí sacudido, como pez fuera del agua, porque no solamente son miles de kilómetros lejos de casa, además es sumergirse en una cultura distinta, en un idioma diferente, con gente que tiene raíces distintas y una forma de ver el mundo que no es la misma que la propia.

Nadie me preparó para todo eso que vendría después.

El éxito económico llegó, sí. La estabilidad también. Pero ¿cómo explicar que el sabor de un mole poblano te arranque lágrimas diez años después? ¿O que soñar con el rebozo de tu madre te haga despertar con un hueco en el pecho?

El desarraigo no es un dolor agudo: es una herida crónica. Durante años, me convertí en un coleccionista de ausencias: las misas dominicales donde ya no cantaba con mi abuela; los cumpleaños donde mi risa era un eco en videollamadas; las recetas que nunca sabrían igual sin los chiles de mi tierra.

El corazón y la memoria se dan la mano y nos recuerdan que estamos muy lejos de casa, que aunque los pies hayan dado miles, millones de pasos para llevarnos a un lugar bastante lejano, la nostalgia se queda enterrada en un pueblito que añoramos tanto que duele el alma.

A los 31 años, en medio de un ataque de pánico en mi lujosa oficina de Minneapolis, entendí la paradoja: había conquistado el Sueño Americano, había alcanzado la meta con que muchos se ilusionan, pero extrañaba hasta el ladrido de los perros callejeros de mi pobre barrio.

Fue entonces cuando descubrí la verdad más brutal y liberadora: «Dios no está en México ni en Estados Unidos. Está en el coraje con que luchas, en las lágrimas que no dejas caer frente a los clientes, en la fe que guardas como último refugio cuando el inglés te traiciona en una reunión importante».

En mi primera etapa, estuve tres años en Estados Unidos, y sentía tanta necesidad de ir a México que tuve que hacerlo, tuve que regresar.

En una de esas ocasiones casi me da un paro cardiaco. Me subió la presión en pleno desierto, y el guía me preguntó:

—¿Por qué no me dijiste que estabas enfermo del corazón?

—¡Porque ni yo sabía! — le dije

No quería afectarlos y les dije: «Váyanse si quieren, déjenme». Estaba súper cansado, no podía respirar, no podía con nada. Todo el grupo se tuvo que esperar para que yo pudiera recobrar el aliento y seguir caminando. Gracias a Dios, nunca me dejaron atrás.

Crucé unas cinco veces. Sólo una vez me agarró la «Migra». Pero cada dos años sentía la necesidad de regresar. Me sentía súper vacío. Tenía una necesidad muy fuerte de ver a mi madre, a mis hermanos, de estar en mi tierra, en mi casa.
En esas visitas a México, aprovechaba también para ir a Europa. Gracias a Dios, como me iba bien en el negocio, pues había dinero, y me fui a España, Italia, Francia... Pero en ese tiempo no tenía documentos, así que cada vez que salía, tenía que volver a entrar de «mojado».

Esas palabras de mi amigo afroamericano fueron clave para mí. Fue el momento en que entendí que todo había valido la pena. Cada uno de esos sufrimientos, cada riesgo, me hizo más fuerte, más tenaz, más capaz en mi negocio. Todo eso que pasé me sirvió.

Una de esas veces que crucé, arriesgué la vida por abrazar a mi madre. En una de esas travesías, un cholo con navaja me enseñó otra lección:

—Dame todo o te mato —gruñó, clavándome el filo en el estómago.

—El coyote se llevó mi chamarra con el dinero —le dije, y vacié mis bolsas frente a él.

Le entregué $13.75 pesos (todo lo visible), y a un amigo que venía conmigo le dije que se fuera alejando para escapar, mientras se ocupaba en quitarme el dinero.

El asaltante nunca se dio cuenta que yo traía $5,500 dólares guardados entre calcetas y calzoncillos y resultaron intactos. Esa noche comprendí que la astucia no se aprende en Harvard.

Esos capítulos de mi vida me han ido forjando. Y también la gente que me he encontrado en el camino. Si hoy soy quien soy, es porque estos gigantes me prestaron sus hombros:

1. René, mi hermano mayor
El que me enseñó que la valentía no es falta de miedo, sino el coraje de escupirle al miedo en la cara, fue René, mi hermano mayor. Con él comprendí que la dignidad es un territorio que no se negocia.

En diferentes ocasiones me pidió que tenía que enfrentarme a esas personas que trataban de intimidarme. Y lo hice gracias a él.

Afortunadamente para él, una de las terceras personas que tuve que enfrentarme para poder evitar que me intimidara fue él mismo. Pero te lo agradezco, hermano.

2. Jesús Hernández López
Su frase «Enamórate de lo que hagas» se convirtió en mi mantra. Pero fue su mirada la que nunca olvidaré —esa mezcla de severidad y orgullo cuando me vio graduarme— la que me hizo entender: el éxito es venganza disfrazada.

3. Rocco Lombardi
El hombre que convirtió la verdad en un arma letal. «En los negocios, la mentira es deuda que se paga con intereses», decía mientras revisábamos contratos con lupa. Hoy, cuando algún cliente intenta engañarme, sus palabras resuenan como campanadas.

4. Mi mamá
Sus «sé honesto» y «nunca llegues tarde» parecían simples consejos. Hasta que entendí que eran el único patrimonio que una mujer pobre podía legarle a su hijo. Cada vez que rechazo un soborno o llego 15 minutos antes a una cita, es su voz la que me guía.

5. Mi papá
El alquimista que transformaba pan duro en banquete con sus chistes. Su optimismo no era ingenuo: era un acto de resistencia. Cuando la migra me deportó, fue su carcajada al teléfono la que me salvó de la depresión: «¡Hasta para eso eres bueno, mijo!».

El trayecto de Pachuca a Los Ángeles no fue solo un viaje geográfico. Fue un vía crucis donde dejé pedazos de mí en cada frontera —física y emocional— hasta entender que el verdadero destino no era un país, sino la versión de mí mismo que el dolor talló con cincel de esperanza.

Porque las raíces no se pierden cuando te trasplantan, se vuelven invisibles para nutrir desde lo profundo.

CALIENTE
IMPORTS
SEND
MONEY
SHA
SHA
SHA
SHA
SHA
SHA

— CAPÍTULO 6—

EL COMIENZO **PROFESIONAL** DE RAÚL SÁNCHEZ

LOS PRIMEROS PASOS: CALIENTE IMPORTS Y PLAZA DEL SOL

A veces, cuando cierro los ojos, todavía puedo escuchar el sonido de los VHS siendo rebobinados y el murmullo de clientes esperando para enviar dinero a sus familias en México. Eran los principios del año 2000, y mi socio, Rocco Lombardi, y yo habíamos abierto Caliente Imports, nuestra primera tienda en el Mall of America.

Era otra época, sin smartphones ni internet, y Caliente Imports era más que una tienda, era un punto de encuentro para nuestra comunidad.

Antes de eso, trabajaba como bus boy en el restaurante Tucci Benucch. Me encargaba de limpiar las mesas que los clientes dejaban al marcharse: recoger los platos, vasos y cubiertos; dejarlas relucientes para el siguiente comensal, y llevar mi carrito con las bandejas llenas de loza sucia a la cocina para que el lavaplatos hiciera su tarea.

El trabajo y el horario eran agotadores, pero lo necesitaba para pagar las cuentas. Sin embargo, algo en mí sabía que ese no era mi destino. Cuando Rocco me propuso abrir un negocio juntos, no lo dudé. Muchos pensaron que estaba loco.

El primer año fue duro. Trabajábamos de sol a sol, atendiendo clientes, rentando películas, cambiando cheques. La renta en el Mall era cara, de 4 mil 500 dólares al mes, y cuando nos la subieron al doble, tuvimos que tomar una decisión: rendirnos o arriesgarnos a algo más grande.

«Ah, Raúl va a terminar volviendo al restaurante», seguramente pensaban, pero yo no quería volver.

Elegimos lo segundo, doblar la apuesta por nuestro negocio y hacerlo más grande.

Entonces abrimos una tienda más grande, llamada «Plaza del Sol», de aproximadamente dos mil pies cuadrados. Estaba ubicada en Bloomington (en la intersección de American Blvd. y Portland Ave.). En esa tienda vendíamos películas en formato VHS, CDs, alquilábamos películas, cambiábamos cheques, enviábamos remesas e incluso vendíamos joyas.

Era un negocio de comunidad, un lugar donde los latinos de Minnesota, de ciudades como St. Paul, Bloomington o Richfield, Edina, Eden Prairie, venían no solo a comprar, sino a sentirse en casa, tener un pedacito de su país, reconectar con la familia, ver rostros conocidos.

Pero lo que realmente vendía era eso, la conexión humana.

Lo más valioso que gané en esos años no fue el dinero, sino la confianza de mi gente. Conocía a mis clientes por su nombre, sabía de sus familias, de sus sueños. Muchos venían desde otras ciudades solo para hacer negocios con nosotros.

Porque todos los latinos que atendíamos compartían la misma realidad con nosotros, no enviaban dinero a sus familias, enviaban sueños convertidos en realidad. El abono del auto familiar, el pago del vestido de XV años, el dinero para el cuartito que haría más habitable la casa de los papás o en ocasiones, tristemente, el pago del ataúd de ese familiar querido que se fue de este mundo y de quien ya no pudimos despedirnos.

Estuvimos dos años en Plaza del Sol. Y creo que de ahí surgió mi fuerte entrada al Real Estate. Cuando el sueño tomó forma.

En el 2000, después de dos años en Plaza del Sol, decidí dar el salto. Sabía que si podía vender películas y joyas, podía vender casas. Pero no quería ser solo un vendedor más, quería ser el puente que ayudara a mi comunidad a conseguir su hogar.

Siempre me ha gustado crear relaciones con los clientes, basadas en respeto y amistad. Y después de esos dos años con Plaza del Sol, ya tenía muy buena relación con todos. ¿Por qué nos fue tan bien el primer año en Real Estate? Justamente por eso: por el trato honesto, respetuoso y amistoso.

Mi maestro fue Rocco Lombardi, mi socio de toda la vida, siempre trabajamos como iguales.

Aprendí que en el Real Estate, más que propiedades, vendes confianza. Y yo ya tenía eso: una red de clientes que creían en mí.

Me tomé la libertad de llamarlos a todos. Recuerden que teníamos una relación cercana, porque muchos mandaban dinero a México o a otros países. Teníamos sus nombres, teléfonos... Fue fácil ¡pum!, marcar.

«Don, ahora vendo casas. ¿Le gustaría comprar una?», les decía. Recuerdo que conseguí muchos clientes. Esa es una de las cosas que tengo: no me da pena preguntar si alguien quiere comprar algo.

Las ventas son una actividad que me ha acompañado durante toda mi vida. Mi primer trabajo fue en Axochiapan, vendiendo paletas. Luego, cuando estuve en Pachuca como pastor, además de lo que ganaba, vendía pieles. Iba cada dos semanas a Tepito, o a León, Guanajuato, a comprar chamarras y zapatos. Siempre he vendido cosas. Me encanta. Me fascina vender.

Es una mezcla de disciplina y pasión por lo que haces. Recuerdo cuando era pequeño, unos seis años, no tenía cama y dormía al filo del sillón en casa de mis padres, en Morelos, y nunca renegué de ser pobre.

Nunca renegué de la escasez. Nunca me quejé porque los demás tuvieran más. Pero sí puse algo en mi corazón: ¿qué es lo que quiero? ¿cuánto voy a trabajar para lograrlo? Y así, hasta conseguirlo.

Es simplemente enfocarte en tus metas, en tus sueños, en lo que realmente quieres. Y no renegar de nada. Yo creo que cuando reniegas, menos lo consigues y más difícil se te hace.

Cuando te enamoras de tu trabajo, ya no sientes el peso. Ya no sientes que es trabajo, por el contrario: te apasiona, te llena de adrenalina, y lo haces con gusto.

Así fue como hice la transición: de estar detrás de un mostrador a convertirme en agente inmobiliario. Vi la oportunidad y pensé: si Rocco no pudo vender propiedades en Miami, yo creo que sí podemos venderle a nuestra comunidad latina.

Aclaro que muchos de ellos no tenían seguro social. En ese tiempo, todavía se conseguían préstamos sin necesidad de tenerlo.

Recuerdo mi primer día. Fui a mostrar casas con mi mentor. ¡Súper padre! Fue, en realidad, un parteaguas: entrar a una industria totalmente nueva.

En Axochiapan yo empujaba un carrito vendiendo paletas de hielo y ahora estaba abriendo puertas de casas americanas para mostrarlas a nuestros clientes. Siento algo hermoso al saber que he sido ese puente que ayudó a tantas familias latinas a adquirir un pedazo de tierra en este país de los sueños.

Recuerdo perfectamente el nombre de mis primeros clientes, a quienes les mostré casas junto con mi mentor: Abel Benítez, y Pedro Domínguez. Ellos también eran de Morelos. Les mostramos cinco casas en Richfield.

—¿Alguna casa que le haya gustado? —le pregunté a don Pedro.

—Sí, claro, la primera —me dijo—. Quiero poner una oferta en esa.

—Espérese, no tan rápido —le respondí—. Vamos a ver más casas mañana.

El martes vimos cinco casas más, otras cinco el miércoles, otras cinco el jueves y cinco más el viernes.

Al llegar el viernes ya no había más casas por ver. Así que le dije:

—Señor Pedro, ahora sí, ya vimos todas las casas de Richfield. ¿En cuál quiere poner oferta?

—Ya te dije, en la primera —me contestó muy serio.

Esa experiencia me enseñó algo clave: el cliente siempre sabe cuándo encontró su hogar. Nuestro trabajo no es convencerlos, sino guiarlos hasta que sientan esa certeza.

El cliente vio cinco casas el primer día y quiso la primera. Después de ver 25 casas en total, siguió queriendo la primera. Y así entendí que los clientes tienen que ver las casas que necesiten ver, cinco o 50, hasta encontrar aquella que los haga sentir en casa.

Ahora esa es parte de mi estrategia de ventas: mostrarle al cliente las propiedades que pienso que le pueden gustar, pero dejar que sea él quien elija. Porque solo el cliente sabe cuándo una casa se convierte en «su hogar».

Pero para alcanzar el éxito también debes aprender las reglas del juego para sacarle el mayor povecho. Por ejemplo, en esos años, muchos de mis clientes no tenían seguro social, pero yo sabía que podían comprar casas con un sistema llamado ITIN (Individual Taxpayer Identification Number), un número que el gobierno le da a gente que no tiene seguro social para que pueda pagar impuestos.

Irónico, porque así les permitían contribuir a mejorar la sociedad pagando impuestos, pero no les da acceso a los beneficios que se pagan con esos impuestos y que aprovechan los demás ciudadanos.

Aun así, eso no los detuvo. Y tampoco me detuvo a mí.

Aprendí a estructurar préstamos, a negociar con bancos, a buscar opciones donde otros solo veían obstáculos. Porque si algo define a mi comunidad, es la tenacidad.

Con Rocco Lombardi me une una historia fraternal, de mucho afecto y agradecimiento. Primero fuimos socios en un kiosco en el Mall of America, estuvimos allí un año, y después fuimos socios en Plaza del Sol durante dos años.

Después, fue el salto al vacío: nos asociamos en Morelos Realty, donde legalmente él era el dueño, pero verbalmente éramos socios al 50 y 50.

Trabajamos juntos en Morelos Realty aproximadamente dos años y medio. Una vez pasado ese tiempo, agradecido con él, le dije que quería volar con mis propias alas. Él lo entendió. Sabía que era mi momento

«Puedes quedarte con el 100% de la compañía», le dije el día que anuncié mi partida. Yo me independicé, saqué mi licencia como vendedor de bienes raíces y fundé mi propia empresa.

Así nació Raúl Sánchez Homes, mi propia empresa. Y aunque al principio todo era nuevo —los contratos, las negociaciones, el papeleo— nunca dudé. Porque llevaba años preparándome sin saberlo: en Plaza del Sol, en el Mall, incluso cuando vendía paletas de niño en México.

Y sin duda todo lo que soy en el mundo de las bienes raíces, todos los principios que tengo y las mejores enseñanzas que recibí, vienen del señor Lombardi. De por vida le estaré agradecido por haberme mostrado el camino en esta profesión.

CLAVES DEL ÉXITO

Para lograr las claves del éxito hay que ser observador y paciente, porque hay muchas cosas que nadie te cuenta. Por ejemplo que la confianza se gana con tiempo.

No se trata de vender rápido, sino de construir relaciones. Mis clientes no venían conmigo solo por una casa, sino porque sabían que los entendería.

Y hay algo muy relevante en este trabajo, que no hay errores, solo lecciones. Yo nunca me he visto fracasando. Cada «no», cada oferta rechazada, fue un paso más hacia el éxito.

También hay que saber entender y aprovechar el poder de tu comunidad. En mi caso, no solo los mexicanos sino los latinos en general, porque yo trabajo con personas de varios países y todos tenemos fortalezas muy similares: somos trabajadores, resilientes. Cuando ayudas a uno, ayudas a toda una familia, y esa cadena nunca se rompe.

Hoy, después de 20 años, luego de dos décadas desde que empecé en este camino, puedo sentirme satisfecho porque he cerrado cientos de ventas, ayudado a familias a establecerse, he visto a hijos de mis primeros clientes comprar sus propias casas.

Pero lo que más valoro no son los números, sino las historias. Los paisanos que llegaron sin papeles, tan desamparados como yo llegué y hoy tiene su hogar donde crece su familia. O los migrantes de otros países hermanos que pensaron que nunca calificarían para un crédito, hasta que les puse en las manos las llaves de su nuevo hogar.

Si algo he aprendido, es esto: el sueño americano no es solo una casa. Es la seguridad de saber que tu esfuerzo valió la pena. Que tus hijos tendrán un lugar al que siempre podrán llamar hogar.

Y yo, que alguna vez dormí al filo de un sillón en Morelos porque no tenía cama, y que veía a mis padres hacer milagros para alimentar a sus hijos, ahora ayudo a otros a escribir su propia historia.

Mi reflexión final es tener muy claro lo que realmente importa. Cuando miro atrás, no veo transacciones. Veo rostros, nombres, familias. Gente que confió en mí, que me permitió ser parte de su sueño, y eso no tiene precio.

Por eso sigo aquí, al pie del cañón. Porque mientras haya una familia que necesite ayuda para encontrar su hogar, yo seguiré trabajando, porque esto no es solo un negocio, es mi propósito.

Porque al final del día, para mí no se trata de vender propiedades. Se trata de cambiar vidas.

LEASE AGREEMENT
Signature

— CAPÍTULO 7—

12 MIL DÓLARES Y UNA **VISIÓN**

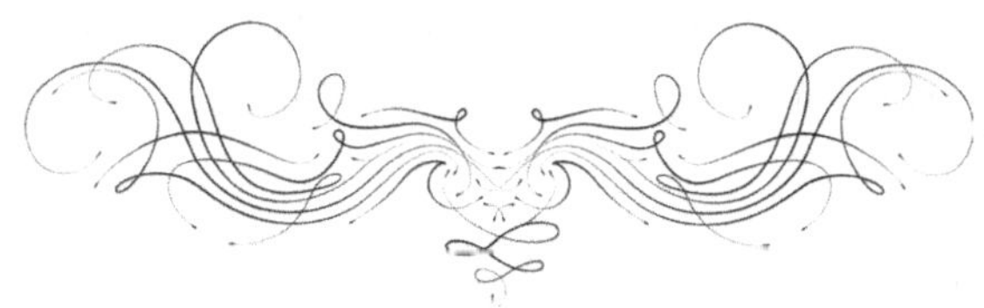

Hay momentos que se vuelven un parteaguas en tu vida.

Yo recuerdo vívidamente el día que rompí la sociedad tan exitosa que tenía con Rocco Lombardi.

Tenía las manos sudorosas al firmar los documentos, consciente de que dejaba atrás la seguridad de un negocio brillante para lanzarme de cabeza a un abismo de incertidumbre.

Mis ahorros apenas sumaban dos mil dólares, suficiente para

sobrevivir quizás un mes, pero no para iniciar una empresa.

Fue entonces cuando un excompañero de preparatoria apareció como un ángel inesperado, de esas personas que te dan un impulso que ni uno mismo esperaba.

Tras escuchar mi situación, mi excompañero de estudios dijo sin dudar: «Vas a necesitar capital para volar solo. Tengo cinco mil dólares guardados que no me sobran pero te los presto, quiero ver qué haces con ellos».

Su confianza me electrizó. Ese capital fue mi primer salvavidas. Seis meses después, cuando le devolví hasta el último centavo, la sonrisa de orgullo de mi amigo tuvo más valor que el propio préstamo.

Y si eso puede parecer un milagro, pues la sorpresa es que no fue el único.

Otro amigo, a quien acababan de despedir de la empacadora donde trabajaba, también decidió apostar por mí.

Me contó que le dieron un cheque de indemnización por 5 mil 400 dólares. «Mira, compa, a mí me basta con estos cuatrocientos. Los otros cinco mil son tuyos, yo ahorita no los necesito y a ti te hacen falta».

Recuerdo la lección que significó para mí que alguien que acababa de perder su empleo se animara a invertir en el sueño de alguien más.

Hoy me maravilla la audacia de ese muchacho de 23 que negoció créditos con Univision y Radio Rey usando solo su historial de pagos puntuales en Morelos Realty. El periódico Nuestra Gente incluso me dio la página completa y a color en la primera semana.

Cuando las puertas se abren así, no es suerte: es el universo reconociendo tu determinación. Y yo me aventé sin mirar atrás.

Aún hoy, en mis noches de insomnio, repaso esos primeros años y me pregunto: ¿Cómo lo logré? La verdad es que no tengo una respuesta clara.

Quizás fue esa mezcla de hambre literal y metafórica lo que me mantuvo en movimiento. Pero sé algo con certeza: cuando emprendes, el miedo y la fe son la misma moneda.

Hay un momento mágico y peligroso en todo emprendimiento: cuando dejas de hablar de tu idea y actúas.

Creo profundamente que cuando tú pones algo en tu mente, lo puedes crear en esta dimensión terrenal. Si lo crees, lo empiezas a materializar. Lo que ves en tu mente puede comenzar a sentirse real, a palparse. Porque cuando visualizas algo, lo creas primero en tu mente... y eso es lo que lo convierte en realidad.

Mi consejo crudo para los que empiezan es que el «cómo» llega después del «sí». Primero lánzate, luego resuelve, porque tus primeros clientes no compran tu producto, compran tu fuego.

A esos jóvenes que me preguntan: «¿Cómo le hiciste?», les digo: «Tropecé cada metro, pero seguí caminando». El éxito no es un destino, es la suma de tus caídas y levantadas porque hasta el río más caudaloso empezó con una gota.

Y si te ahogas, tu instinto de supervivencia te va a decir qué hacer: vas a patalear, vas a mover los brazos, los pies. El mundo empresarial es lo mismo. Tienes que lanzarte, luchar, hacer que suceda.

Hay momentos en la vida que uno no olvida. Yo recuerdo con especial claridad una etapa que, sin duda, marcó mi camino empresarial. A veces lo cuento como anécdota, otras con cierto orgullo, porque sé que lo que viví no fue casualidad, sino resultado de principios que aprendí desde muy joven.

Tuve la dicha de estar profundamente involucrado en la mercadotecnia de Morelos Realty, empresa de la que fui socio al 50 por ciento. Fue una responsabilidad grande, pero también una oportunidad invaluable. Gracias a ese rol, pude forjar relaciones sólidas con medios locales en Minnesota: Univisión Local, Radio Rey y un periódico local que se convirtió en nuestro canal principal de publicidad impresa.

Lo que ocurrió después todavía me parece asombroso. Desde el primer acercamiento, las tres compañías me ofrecieron crédito por varios meses.

—¿Me pueden dar crédito por tres meses? —pregunté sin mucha esperanza.

—Sí, por supuesto —me respondieron con la misma naturalidad con la que uno ofrece un café.

Todo fluyó. Sin papeleo complicado, sin garantías, solo con mi palabra, que puede parecer algo muy sencillo pero es fundamental, como me lo decía mi padre.

Seis meses después, ya estaba invirtiendo la misma cantidad que me habían prestado al principio, pero esta vez pagando puntual, sin retrasos, sin tropiezos. Y eso, a lo largo de los años, se ha mantenido constante. Nunca le he quedado mal a un proveedor.

Nunca. No hay una sola persona que pueda decir que le debo un dólar. Y eso, créeme, habla de quién eres más allá de lo que vendes. Es tu reputación y va ligada a tu nombre y tu apellido. Mi padre solía decirme: «Tu palabra vale más que cualquier contrato».

Y esa frase se me quedó tatuada en el alma. He vivido según ese principio, y gracias a él he ganado respeto, confianza y relaciones que perduran. Cuando digo que sí, es un sí de verdad. No necesito firmar nada para comprometerme; mi palabra basta.

Esa confianza inicial que me brindaron me permitió arrancar con el pie derecho, proyectando desde el inicio una imagen sólida, profesional. Y cada paso que he dado desde entonces ha sido con ese mismo compromiso: ser una persona de palabra, pase lo que pase.

Porque al final del día, más allá de los negocios, lo que realmente construye tu reputación... es cómo cumples lo que prometes.

Este año fue el que marcó un antes y un después en mi vida. Lo recuerdo perfectamente porque, aunque estaba lleno de miedos, tomé una de las decisiones más arriesgadas y más importantes de mi camino como emprendedor: invertir en una oficina, en mi imagen personal y en publicidad.

Yo sentía, en lo más profundo, que debía mostrarle al mercado una versión fuerte y confiada de mí mismo y de mi negocio. Así que, sin pensarlo demasiado, me lancé a comprar una página completa, a color, en el periódico. Además, contraté espacios en televisión y en radio. Tenía claro que necesitaba que me vieran, que me escucharan, que supieran que existía.

En este negocio la imagen cuenta mucho, yo lo sabía por el tiempo que había trabajado con mi socio y por eso supe que esta inversión era indispensable.

Si algo me ha enseñado esa etapa es que la clave estuvo en atreverme a invertir el dinero que no tenía. Sí, así de simple y así de temerario.

Recurrí a créditos, directamente con las compañías de publicidad. Cada vez que cerraba un contrato o una venta, agarraba ese dinero para pagar las deudas y, sin dudarlo, volver a invertirlo en infraestructura, en más personal y, por supuesto, en publicidad.

Creo con firmeza que cuando uno empieza un negocio, el secreto está en invertir, invertir e invertir. Y seguir reinvirtiendo. Es un ciclo que exige paciencia y visión a largo plazo. Porque no es sino hasta que el negocio se estabiliza, al cabo de uno o dos años, que realmente puedes darte el lujo de tomar algo de dinero para ti.

Me entristece ver que muchas personas no lo entienden. Piensan que el dinero que ganan en comisiones o en ventas es, inmediatamente, para gastarlo en viajes, en un carro nuevo, en lujos o incluso, y lo digo con humor, en conseguirse una pareja nueva. Es una broma, claro, pero no deja de ser una realidad para muchos. Y un error.

La verdad es que gastar el dinero en cosas que no te generan más clientes o que no fortalecen tu negocio es un error fatal. Es ahí donde la mayoría se queda estancada, sin crecer, hasta que su negocio termina por morir y desaparecer.

Puede sonar muy sacrificado decir: durante dos años todas las ganancias se deben reinvertir, pero es la fórmula del éxito, la diferencia entre un negocio que va a prosperar y otro que terminará por morir.

Hoy, miro atrás y agradezco cada riesgo que tomé. Porque si algo aprendí, es que la verdadera libertad se construye sobre el coraje de invertir en uno mismo.

Recuerdo perfectamente aquellos días en la compañía, cuando compartía tantas horas y tantos sueños con Rocco Lombardi. Él solía decirme, sin rodeos, que yo era un pendejo si me atrevía a romper nuestra sociedad y dejarlo solo al frente del negocio que habíamos construido juntos.

Sus palabras eran duras, cargadas de una mezcla de enojo y, quizá, algo más profundo. Me repetía que, si me iba, terminaría vendiendo hamburguesas otra vez. Y aun así, en medio de todas esas tensiones, seguíamos siendo amigos.

No fue fácil separarme. Tomar la decisión de independizarme me costó noches de insomnio y más de una lágrima. Pero algo en mi interior me empujaba a buscar mi propio camino, a crear algo mío, aunque me aterrara el fracaso.

Unos seis meses después de haberme independizado, decidí invitar a Rocco a comer. Lo llamé y le dije, con cierta timidez: «¿Tienes chance de ir a lunch?».

Cuando nos sentamos frente a frente, no pude evitar soltar lo que me venía pesando en el corazón:
—¿Te acuerdas que me habías dicho que iba a regresar a vender hamburguesas? —le recordé—. Pues gracias a Dios, hoy ya estamos a la par.

—¿Sabes qué? —me dijo—, lo decía por miedo.

Su respuesta me desarmó y, a la vez, me hizo soltar una carcajada.

Fue ahí, en ese instante, que entendí tantas cosas. No había sido maldad ni deseos de verme caer; había sido puro miedo. Miedo de perder lo que habíamos construido, miedo de quedarse solo, miedo al cambio.

Nunca le guardé rencor. Al contrario, siempre le he tenido un profundo respeto y una gratitud sincera por todo lo que me enseñó. Él fue parte esencial de mi aprendizaje, incluso en aquellos momentos de tensión.

La vida me ha enseñado que, a veces, las personas que más nos quieren son las que más nos frenan, no por maldad, sino porque temen vernos sufrir. Pero si algo aprendí de esa etapa es que uno tiene que perseguir sus propios sueños. Te vaya bien o mal, siempre debes pelear por lo que deseas, porque la única manera de saber de qué estás hecho es atreviéndote a intentarlo.

Esa fue exactamente la sensación que me invadió cuando supe que Raúl Sánchez Homes estaba ya a la par de Morelos Realty. Sentí una satisfacción inmensa, la confirmación de que sí se podía, de que mis decisiones no habían sido en vano.

A mis 23 o 24 años, haber alcanzado ese nivel fue la prueba más clara de que vale la pena apostar por los propios sueños, aunque el miedo, propio o ajeno, te susurre al oído que no lo lograrás.

Si hay algo que siempre me ha definido, es que nunca he sentido miedo. Jamás he dudado de mí mismo. Nunca me he sentido menos que nadie, ni siquiera en los momentos más difíciles.

Nunca me refugié en el pretexto de ser extranjero, ni en que el inglés era mi segundo idioma.

Y quiero contarte una anécdota que, hasta hoy, me sigue recordando quién soy y de qué estoy hecho:

Cuando trabajaba en Morelos Realty y acababa de sacar mi licencia de Realtor para independizarme, sucedió algo muy fuerte. Un día recibí una carta, supuestamente enviada por el Departamento de Comercio, donde me solicitaban cancelar mi licencia de Realtor inmediatamente o de lo contrario iban a proceder legalmente contra mí. La carta venía «firmada» por el Commerce Department of Minnesota.

Imagínate la situación: yo, un chamaco de apenas 22 años, con toda la ilusión de empezar mi carrera independiente, de repente me enfrentaba a una amenaza así. Para cualquiera, habría sido motivo suficiente para tirar la toalla, para pensar «ya valió esto», para dejarse vencer por el miedo. Pero no yo.

En lugar de achicarme, decidí actuar. Llamé directamente al Departamento de Comercio, pedí una cita y me presenté en persona. Me senté frente a ellos, saqué la carta y les pregunté sin rodeos si provenía de su oficina y qué debía hacer.

La respuesta que recibí me dejó frío, pero también me llenó de fuerza. Me dijeron: «Tú no tienes ningún problema con tu licencia. El que sí tiene un problema es quien te mandó esta carta, porque falsificar un documento federal es un delito. Si sabes quién fue, o sospechas de alguien, dínoslo para que le cancelemos su licencia».

Y, ¿sabes qué hice? No di nombres. Nunca.

Jamás he creído en el rencor. Nunca he creído en eso de «el que me la hace, me la paga». No sabía quién había sido, y, para ser honesto, ni me importaba. Porque, gracias a Dios, esa experiencia me hizo más fuerte. Me enseñó a mantenerme firme, a levantar la cabeza y a decir, con orgullo: «Aquí estoy».

¿Está fuerte la anécdota, no? Pero para mí, es la prueba viva de que, pase lo que pase, uno siempre tiene que seguir adelante sin miedo.

Siempre me he preguntado qué papel tan profundo juega en la vida de cada quien. No estoy del todo seguro de si uno pueda forzar a aparecer la intuición. Lo que sí sé es que, gracias a Dios, siempre me he considerado una persona profundamente estratega, y eso, para mí, es algo que me viene de forma natural, casi instintiva.

Hay algo muy valioso que aprendí de don Armando, el dueño de Los Ocampo, y que se me quedó grabado para siempre. Él solía decir: «Cuando quieras hacer algo, hazlo en el momento en que lo estás sintiendo. Porque si dejas pasar el tiempo, se consume esa energía, ese sueño, esa fuerza que necesitas para llevarlo a cabo».

Y creo, honestamente, que eso ha sido una de las claves de mi vida. Siempre he sido así: tengo un sueño, lo abrazo con todas mis fuerzas y actúo de inmediato. Nunca me he quedado esperando a que «las condiciones sean perfectas», porque he aprendido que en la vida rara vez todo está alineado para que las cosas sucedan.

Pienso muchas veces en qué habría sido de mí si, a mis 22 años, me hubiera detenido a pensar: «No puedo independizarme porque soy inmigrante» o «No puedo porque el inglés es mi segundo idioma» o «No puedo porque no tengo experiencia». Si me hubiera dejado atrapar por esos pensamientos, hoy no estaría aquí contando mi historia. Porque en la vida siempre va a haber cientos de razones para no hacer algo. Pretextos sobran. Obstáculos siempre habrá.

Al final, todo se reduce a dónde decides poner tu atención. Si eliges mirar primero los obstáculos, si te obsesionas con el miedo o las limitaciones, nunca vas a dar un solo paso. Nunca vas a hacer nada. Pero si eliges enfocarte en la solución, si buscas caminos en lugar de excusas, entonces empiezas a crear tu propio destino.

Creo que esa ha sido una de mis mayores capacidades: nunca me quedo atrapado en el problema. Siempre estoy buscando cómo resolverlo, cómo encontrarle la vuelta, cómo darle carpetazo para poder seguir avanzando. Incluso procuro que los pendientes no se conviertan en problemas grandes. Prefiero solucionarlos cuando todavía son pequeños, antes de que se conviertan en una bola de nieve que me pueda aplastar.

Esa forma de vivir me ha permitido mantenerme en movimiento, crecer, y seguir soñando cada vez más alto. Porque he aprendido que la intuición es poderosa, pero solo sirve si estás dispuesto a escucharla... y a actuar.

Lo más difícil de ser joven y estar en el negocio de bienes raíces, y además ser un Top Producer, fue tener que enfrentarme, una y otra vez, a rounds duros con realtors y prestamistas. Trato de decirlo con respeto, pero la realidad es que había prestamistas muy fraudulentos, gente que simplemente no quería dar la cara ni hacerse responsable de las consecuencias de sus actos.

Recuerdo una ocasión que se me quedó muy marcada. Llamé a una oficina y pregunté:

—¿Me pueden comunicar con fulano de tal, por favor?

—Está ocupado —me contestaron.

—Ok, díganle solamente que necesito hablar con él —respondí.

Ese prestamista se había metido en problemas por no entregar un préstamo que ya estaba comprometido y no podíamos cerrar la operación. En lugar de esperar sentado, decidí ir personalmente a su oficina para resolver el asunto. Tenía apenas poco más de veinte años, pero una fuerza interior tremenda. No me daba miedo enfrentar a nadie, ni siquiera a tipos mucho más grandes o con más experiencia.

Siempre trabajé limpio, sin nada que esconder. Al contrario: yo era el que salía a pelear por defender a mis clientes, aunque eso me ganara enemigos o me pusiera en situaciones tensas.

También tuve experiencias duras con realtors. Hubo una ocasión que me marcó profundamente. Estábamos a punto de cerrar una operación, y apenas dos semanas —o quizá solo dos días— antes de la firma, se cayó el préstamo. Una prestamista nueva me llamó y me dijo que tenía otra opción de financiamiento para salvar la operación. Pero apenas dos horas después, me volvió a llamar para contarme que el realtor había entregado documentos falsos para conseguir ese préstamo.

No lo podía creer. Intenté hablar con él de inmediato. Le llamé a su celular, no contestó. Llamé a otro número, nada. Finalmente marqué a su oficina y me contestó su asistente:

—Son las 11:45 de la mañana —le dije—. Dile que tiene hasta la una de la tarde para llamarme y resolver esto.

Increíblemente, me llamó 15 minutos después. Y yo no me anduve con rodeos. Le hablé fuerte, directo, y le dije lo que pensaba: que por personas como él existía tanto miedo hacia la comunidad latina, porque algunos se dedicaban a hacer trabajos sucios y a usar documentos apócrifos.

—Me resuelves esto o te llevo a corte —le advertí. El dueño de la casa te lleva a corte, mi broker te lleva a corte. No importa quién, pero alguien te va a llevar.

Le colgué. Me volvió a llamar.

—¿Tienes alguna respuesta o solución? —le pregunté.

—No —me respondió.

—Cuando la tengas, me llamas. —Le colgué otra vez.

Dos horas después me volvió a llamar, ya en otro tono completamente distinto.

—Yo no quiero problemas contigo ni con nadie —me dijo. Voy a comprar la casa bajo mi nombre.

Desde ese momento empezó a correr la voz de que yo era un «perro» en el negocio, alguien con quien mejor no se metieran, porque yo no me dejaba de nadie. Nunca he buscado hacerle daño a nadie, pero tampoco he permitido que le hagan daño a mis clientes ni a mí.

Si pudiera definir mi formación en el mundo de las bienes raíces, diría que fue con carácter, con energía y con una determinación absoluta de no permitir injusticias. Porque, al final, lo único que siempre he querido es hacer las cosas bien y defender a quienes confían en mí.

Quiero contarte la historia detrás de mi primera gran inversión inmobiliaria, porque para mí no fue solo un paso profesional, sino un momento decisivo que me marcó profundamente:

Antes de tener nuestras propias oficinas de Raúl Sánchez Group en Minneapolis, pasé tres años rentando en un edificio de cristal. Estábamos en el piso número once, en una suite en forma de L, completamente rodeada de ventanales. Pagaba alrededor de $3,800 dólares al mes. Nunca tuve problemas para cubrir la renta, pero un día me cayó una verdad como un rayo: «Si yo siempre les aconsejo a mis clientes que no renten casa y mejor compren, ¿por qué no aplico ese consejo a mí mismo?»

Fue entonces cuando decidí que era momento de dejar de rentar y comprar un edificio comercial. Comencé a buscar y encontré uno que tenía seis oficinas. Me quedé con tres para mi compañía y renté las otras tres. No fue nada fácil. Tuve que dar el 25% de enganche y, además, invertir muchísimo dinero para renovar toda la propiedad antes de que pudiéramos mudarnos.

Viví momentos realmente duros. Hubo días en que sentía que no podía más. Recuerdo, con un nudo en la garganta, que llegó un punto en el que literalmente no me alcanzaba el dinero y tuve que pedirle prestado a mi asistente. Imagínate lo difícil que fue para mi orgullo tener que admitirlo.

Pero también ahí descubrí la grandeza de las personas que Dios pone en nuestro camino. Mi asistente ha sido como un ángel para mí, alguien que llegó en el momento preciso. Gracias a ella y a su apoyo incondicional, Raúl Sánchez Group logró salir adelante.

No fue nada sencillo adquirir esa propiedad, pero hoy puedo decirte, con absoluta satisfacción, que ha sido una de las mejores inversiones de mi vida. Y aprendí algo fundamental: no importa qué tan duro o imposible parezca el camino cuando estás invirtiendo en algo grande. De hecho, he descubierto que, entre más difícil se ponga todo, mejor suele ser la inversión.

Recuerdo que un cliente mío, dueño de varias tiendas, me lo confirmó en medio de mi crisis. Yo le conté que había comprado el edificio, pero que estaba batallando muchísimo, que sentía que no podía más. Él me miró y me dijo: «No te preocupes. Cuando sientes que estás bien apretado económicamente por una inversión, es señal de que estás haciendo lo correcto. A mí también me pasó. Hoy esa propiedad está pagada y ya voy por la tercera.»

Por eso quiero decirte: si estás en medio de una inversión y sientes que el dinero simplemente no te alcanza, no te desesperes. Esa angustia no es para siempre. Échale ganas, sigue adelante con fe y determinación, porque tarde o temprano, todo ese esfuerzo da frutos. Y te aseguro que la satisfacción de mirar atrás y ver lo que lograste no tiene precio.

— CAPÍTULO 8—

CÓMO VENDER MÁS DE **100 CASAS** AL AÑO SIN PERDER EL PISO

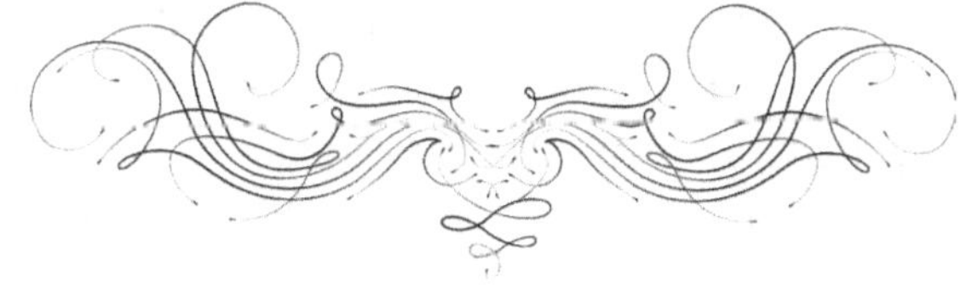

Durante años pensé que ser exitoso significaba hacerlo todo por mí mismo. Que si quería alcanzar grandes metas, tenía que cargar con todo el peso. Pero hubo un momento, en medio del crecimiento de mi carrera, en que esa idea se rompió. Fue cuando vendí 42 casas en un año. Lo recuerdo con claridad. Me sentía orgulloso, agotado, y, sobre todo, al límite.

El año siguiente cerré con 56, y ahí supe que si quería llegar a vender 60 o más, no iba a poder hacerlo solo.

Esa fue la primera señal clara de que necesitaba formar un equipo. No por ambición, sino por necesidad. Por salud. Por equilibrio. La decisión no fue sencilla. En un oficio como las bienes raíces, uno se acostumbra a controlar cada paso: desde el primer contacto con el cliente hasta la firma final. Pero llegó el punto en que me di cuenta de que, si quería crecer y a la vez conservar mi calidad de vida, tenía que empezar a confiar.

Así llegó mi primer asistente.

Recuerdo que los primeros días fueron un ejercicio de soltar, de aprender a delegar, de aceptar que otros podían hacer las cosas distinto... y también bien.

Aprendí que no se trata de contratar por contratar. Formar un equipo es entender qué área necesita apoyo y encontrar a la persona adecuada para cubrir esa necesidad. No todos sirven para lo mismo, y eso está bien. Ahí empezó un proceso que hasta hoy sigue vivo: observar, entender, colocar a cada quien en el lugar correcto.

Una de las lecciones más importantes fue entender que no todos están hechos para vender. Algunos tienen una paciencia infinita que yo no tengo. Otros tienen una capacidad extraordinaria para los detalles administrativos.

Yo me considero un estratega: bueno para visualizar, para diseñar sistemas, para generar ideas de marketing. Pero reconozco que en el día a día, necesito una Coordinadora de Oficina que dé seguimiento puntual a cada expediente, que revise documentos, que verifique que todo esté en orden. Y no solo eso: que tenga el carácter para exigir cuando algo falta. ¡Y la encontré!

También incorporé a una persona cuya función es preparar a los clientes que aún no están listos para comprar. Es como una incubadora. Es quien acompaña a los prospectos a limpiar su crédito, a abrir cuentas bancarias, a organizar sus finanzas. Se necesita mucha empatía para ese rol. Mucha paciencia. Y esta persona la tiene. Es dedicada, constante, firme sin dejar de ser amable. Y gracias a su trabajo, muchas personas que al principio solo tenían un sueño, hoy tienen una casa.

El equipo fue creciendo. Incorporé a un Showing Agent, que se encarga de mostrar las propiedades cuando yo no puedo hacerlo; a otro que da seguimiento a los «leads» o «clientes potenciales»; a alguien más que apoya con las redes sociales, etc. Cada uno fue llegando en el momento justo, con el perfil adecuado, y con la disposición de sumarse a una visión más grande.

Definir los roles fue como armar un rompecabezas. Me tomé el tiempo de conocer el temperamento de cada quien. De observarlos en acción. No quería imponer funciones; quería descubrir dónde podían brillar. A veces bastaba una conversación para notar que alguien tenía madera de líder. O una llamada para ver que alguien no era bueno con el seguimiento. Poco a poco fui construyendo un sistema. No un equipo para cumplir tareas, sino un sistema que pudiera funcionar incluso sin mí.

Esa fue otra meta importante: lograr que la empresa caminara aunque yo me fuera de viaje. Que pudiera tomarme una semana con mi familia, o simplemente desconectarme, sin que todo se viniera abajo. Para eso se necesita algo más que buenos empleados: se necesita estructura, claridad en los procesos, y sobre todo, confianza mutua.

Además, lo más poderoso fue darme cuenta de que construir un equipo no solo mejora el negocio, también transforma a las personas. Ver cómo alguien crece en confianza, cómo descubre habilidades que no sabía que tenía, o cómo una meta compartida los impulsa a dar lo mejor de sí, es profundamente gratificante. Hoy, más que medir mi éxito por el número de casas vendidas, lo mido por las historias que hemos escrito juntos. Por los clientes felices, sí, pero también por los logros personales de quienes forman parte del equipo.

Con el tiempo, entendí que liderar no es estar al frente todo el tiempo, sino saber cuándo dar un paso al lado. Hoy mi rol ha evolucionado: soy más guía que ejecutor. Sigo soñando en grande, sigo empujando límites, pero ya no lo hago solo ni quiero hacerlo solo. Porque el verdadero éxito no se construye con manos aisladas, sino con corazones alineados. Y cuando eso ocurre, los resultados llegan... pero lo más valioso es que también llega la paz.

LA PUBLICIDAD NO ES UN GASTO, ES TU INVERSIÓN MÁS RENTABLE

En paralelo a la construcción del equipo, entendí la importancia de la publicidad. Desde el inicio de mi carrera, supe que tenía que estar presente donde la gente estuviera buscando.

Antes era en los periódicos, en las revistas de bienes raíces. Hoy son las redes sociales, la radio, la televisión. He probado de todo. Y siempre he creído en la regla de oro: invertir al menos el 10 por ciento de tus ingresos en publicidad. No importa si ganas $1,000 o $120,000. Lo que importa es sembrar.

A veces, esa inversión no da frutos inmediatos. A veces parece que hablas al vacío, pero la constancia hace la diferencia.

Mientras otros dejaban de anunciarse en noviembre y diciembre, yo doblaba esfuerzos. Sabía que ese empuje, aunque pareciera inútil en el momento, iba a rendir frutos en enero o febrero. Y así fue. Muchas veces, los mejores resultados llegaron justo después de los momentos más callados.

Eso sí, aprendí que no se trata de gastar por gastar. Se trata de contar una historia. De conectar. Por eso, cada anuncio, cada video, cada post debía tener alma. No era solo mostrar una casa bonita, sino provocar una emoción, una posibilidad, un sueño. La publicidad que vende es la que toca el corazón, no la que grita ofertas como si fuera remate de bodega. Me obsesioné con entender qué funcionaba y por qué. Y así como estudiaba ventas, también estudiaba campañas, colores, slogans, ritmos, plataformas.

LA IMPORTANCIA DEL BALANCE

A lo largo del camino, también he visto historias de amigos que vivieron su propio proceso, como a un gran amigo a quien conocí en la prepa. Siempre lo sentí como un hermano menor.

Cada vez que se metía en un problema, me buscaba para decir que yo era su hermano y así calmar las cosas. Lo protegía. Incluso entonces, le decía al grupo: «Este muchacho va a ser millonario. Va a ir al Army o a estudiar a Harvard».

Lo invité a unirse al mundo del Real Estate, y rápidamente, en menos de dos años, se convirtió en uno de los Top Producers de la compañía. Tenía talento, carisma, energía. Pero también cayó en excesos. Comenzó a confiar demasiado, a vivir rápido. Perdió su licencia. Perdió el rumbo.

Tuvo que irse. Tocar fondo. Reinventarse desde cero, pero lo hizo y hoy tiene más de 50 propiedades, una nueva vida y una nueva perspectiva.

Su historia me marcó. Me recordó que el éxito verdadero no se mide en números, sino en la capacidad de sostenerse, de cuidarse, de amar el proceso sin perderse en él.

Y es que el éxito no solo se mide por cuánto dinero ganas, sino por la capacidad de reinventarte, de mantener tu paz mental y de no perderte en el camino.

En la vida no necesitas vender 300 casas para ser feliz. Cada ser humano tiene que encontrar su propio balance.

Con el tiempo aprendí que el éxito profesional no puede costarte la vida personal.

Durante años me estresé por querer abarcar todo. Me frustraba si un trámite no salía como quería. Me sentía vacío incluso después de cerrar grandes ventas. Hasta que entendí que el verdadero éxito no es solo vender muchas casas, sino también tener paz, salud y tiempo para lo que realmente importa.

Esa lección me permitió estar con mi madre en sus últimos meses. Pude acompañarla, cuidarla, despedirme con calma. Algo que no habría podido hacer si siguiera cargando solo con todo.

Esta estrategia también me permitió viajar, descansar, leer, reconectar con otras partes de mí que había dejado de lado. No fue fácil llegar ahí. Tuve que desaprender muchas cosas, pero valió la pena.

Por eso te digo: no importa cuántas casas vendas. Si quieres vender más de 100 casas al año, como yo ya lo he hecho, primero debes encontrar el balance en tu vida y ser feliz contigo mismo. Tienes que encontrar la felicidad interna, saber que Dios está dentro de ti.

No puedes esperar encontrar la felicidad en tu pareja, tus hijos, tu madre, tus amigos, porque el día que ellos no estén, si dependes de ellos, vas a ser infeliz.

Tienes que encontrar amor propio.

Tienes que equilibrar el trabajo, la familia, los amigos, las diversiones, los viajes... ¡Todo debe tener un balance!

Hoy puedo decir, con gratitud, que mi sistema funciona incluso cuando yo no estoy. Mi equipo tiene claridad. Cada uno sabe lo que debe hacer. Hay comunicación. Hay confianza. Yo me dedico a lo que más me gusta: pensar, crear, diseñar nuevas formas de crecer, y el negocio sigue corriendo.

A quienes están comenzando, o llevan tiempo soñando con vender 100 casas al año o más, les diría esto: primero tienes que creer que puedes hacerlo. De verdad creerlo. Después, establecer tu meta y trabajar con inteligencia.

Regala una tarjeta en la gasolinera. Habla de tu trabajo en la iglesia, en un bar, en cualquier lugar. Vive casas. Sueña casas. Despierta pensando en casas.

Y, sobre todo, enamórate del proceso. No te obsesiones con el resultado. Aprende a disfrutar cada paso, a celebrar lo pequeño, a cuidar de ti mientras construyes.

Porque al final, vender mucho está bien. Pero tener paz, equilibrio y felicidad... eso lo cambia todo.

Y sí, es posible lograrlo.

LA IMPORTANCIA DE CREER EN NUEVOS TALENTOS

Cuando vayas a contratar a una persona —ya sea como asistente o para cualquier otra posición dentro de tu compañía— recuerda algo muy importante: quién es esa persona y el potencial que puede desarrollar.

En mi caso, mi mano derecha dentro de la empresa, cuando entró, no tenía conocimientos en Real Estate. Los primeros meses pensé que sería una más de las tres personas que había tenido que despedir antes porque no cumplían con el nivel requerido para la posición. Sin embargo, afortunadamente, tuve paciencia y la visión de darle seis meses para adaptarse.

Al llegar al sexto mes, vi un cambio enorme: la diferencia en su rendimiento era impresionante. Su tenacidad, capacidad y destreza para sacar adelante el trabajo superaron todas mis expectativas.

La segunda persona que merece mención aquí es Valeria, mi sobrina. Ella vive en México, pero aun desde allá quiso ayudarme en el negocio. Comenzó diseñando y manejando el marketing en redes sociales. Recuerdo que al principio las imágenes que publicaba eran de muy baja calidad; incluso hubo personas que me llamaron para decirme: «Con el nivel en el que estás, no puedes usar esas imágenes para publicitar tu compañía».

Aunque fue duro escucharlo, lo recibí como un consejo valioso. Hablé con mi sobrina y, afortunadamente, se capacitó. Hoy en día es una de las mejores diseñadoras que he conocido y comprende perfectamente cómo crear y enviar cada mensaje publicitario.

En conclusión: cuando crees en el talento de una persona, cuando le das la oportunidad y la formación para aprender lo que necesita, esa persona te lo agradecerá enormemente. No solo lograrás tener a alguien que trabaje para ti, sino que también ganarás un aliado que trabajará a tu lado.

Cree en el talento. Cree en la tenacidad. Dale la oportunidad a esa persona que, con la formación y el tiempo adecuados, puede convertirse en un gran elemento para tu compañía.

QUÉ HACER PARA CREAR TU MARCA PERSONAL

1. Defínete

Una de las cosas que deberías agregar es crear tu propio logo, con el nombre que tú elijas: puede ser tu apellido, algo como Sánchez Group, Martínez Group, o cualquier nombre que quieras que la gente recuerde y asocie contigo.

En mi caso, mi logo siempre ha sido mi nombre: Raúl Sánchez, Raúl Sánchez Group, Raúl Sánchez Realtor.

La gente me conoce así, y eso es sumamente importante: que tu nombre, tu imagen y tu logo sean reconocidos como una marca personal sólida. No se trata solo de que la gente te identifique en persona o por recomendación, sino de que también te ubiquen fácilmente en Google, en redes sociales y hasta en la inteligencia artificial.

Hoy, tu presencia digital es parte esencial de tu reputación profesional.

2. Promoción estratégica y constante

Promociona tu marca personal en:

- Televisión
- Radio
- Periódico
- Revistas
- Tarjetas en establecimientos
- Facebook y redes sociales

Objetivo:

- Estar presente en la mente del consumidor antes de que decida comprar o vender.

3. Aprovechar el poder del programa de radio

En un mercado tan competitivo como el de bienes raíces, contar con un espacio propio en la radio es una herramienta poderosa para posicionarse como experto, generar confianza y mantenerse presente en la mente del público.

Por ejemplo, las características del programa radial que realicé, fue:

- Transmisión: Sábados de 10:30 a.m. a 11:00 a.m.
- Invitados especiales: expertos en crédito, abogados de bienes raíces, contadores, inspectores, compañías de títulos.

Acciones clave:

- Promocionar listings actuales.
- Compartir testimonios en vivo de clientes.
- Repetir con frecuencia el número de contacto y redes sociales.

Objetivo:

- Generar confianza, posicionarse como referente en el sector y lograr que la audiencia recuerde activamente nuestros servicios.

4. Construir un equipo y un sistema de trabajo de alto impacto

Para escalar y mantener un servicio de excelencia, necesitas un equipo bien definido y un sistema sólido que permita que cada quien cumpla su rol sin fricciones.

Roles esenciales del equipo:

- **Buyers Agents (Agentes de compradores)**: acompañan a los clientes durante todo el proceso de compra; organizan inspecciones, recorridos finales y firmas.
- **Selling Agents (Agentes de vendedores)**: preparan y gestionan las propiedades en venta; realizan análisis comparativos, listan propiedades y negocian.
- **Departamento de Marketing**: gestiona la comunicación constante, la publicidad efectiva y el seguimiento post-venta; envía recordatorios útiles y mantiene la presencia de marca.
- **Office Manager / Administradora**: recibe y gestiona todas las llamadas; coordina operaciones y brinda soporte al equipo.
- **Sales Manager (Gerente de Ventas)**: ofrece apoyo continuo, motiva a los agentes y los guía para alcanzar sus metas.

Clave del sistema:

Cada miembro debe tener un rol claro, procesos definidos y trabajar con pasión, para que el resultado sea un servicio de alta calidad que, además, te permita tener más tiempo y libertad.

5. La importancia del «valor agregado»

Otro punto clave es que definas los servicios que vas a ofrecer como Realtor. Recuerda que esos mismos servicios los ofrecerán muchos otros agentes. Entonces, la pregunta es: ¿qué te va a hacer diferente a la hora de ofrecerlos?

La respuesta está en tu **valor agregado**.

En mi caso, el valor agregado que he ofrecido a mis clientes ha sido el **conocimiento**: compartir con ellos lo que he aprendido en mis años de experiencia.

Por ejemplo, recuerdo cuando creé un programa —en realidad, le puse nombre a algo que ya existía— que consistía en tener la oportunidad de comprar tu primera casa con asistencia del gobierno, y luego poder comprar tu segunda casa también con asistencia o con un mínimo porcentaje de enganche.

Muchos agentes pensaban que, para comprar una segunda casa, tenía que ser una propiedad de inversión y que era obligatorio dar un 20 o 25 por ciento de enganche. Pero en 2012, descubrimos un programa donde un cliente que ya tenía su primera casa pudo comprar su segunda con solo un 3 por ciento de enganche.

Eso me llamó muchísimo la atención.

Después llegó otro cliente en la misma situación y también logró comprar su segunda casa con un 3 por ciento. Entonces decidí buscar más personas que ya tuvieran una casa y decirles: «Oye, hay un programa donde puedes comprar tu segunda propiedad sin tener que poner el 20, sino solo un 3 por ciento de enganche.» Y como el programa funcionaba tan bien, pensé: esto necesita un nombre.

Así nació el programa «**1+1=2 casas**».

Lo interesante de este programa es que, si ya compraste tu primera casa y luego tu segunda con un mínimo enganche o asistencia del gobierno (3 o 5 por ciento), puedes repetir el proceso hasta tener tus primeras cuatro propiedades.

Sí, escuchaste bien. Es algo completamente legal. Solo necesitas vivir al menos 12 meses en cada propiedad antes de mudarte a la siguiente.

Rentas la primera, te mudas a la segunda; después rentas la segunda y te mudas a la tercera, y así sucesivamente hasta la cuarta.

Eso es valor agregado. Eso es darle un plus a tu servicio, algo que te diferencia y te hace destacar entre los demás agentes.

6. Conoce los programas de financiamiento

Entender cómo funcionan los diferentes programas de financiamiento fue lo que me permitió aumentar mi volumen de ventas. Cuando sabes qué opciones existen y a quién le pueden servir, puedes ofrecer soluciones más precisas y cerrar más negocios.

Aquí te explico algunos de los programas que más me han ayudado a lograrlo:

1. «**1 + 1 = 2 casas**»
   Este nombre se lo puse yo. Es un programa pensado para las personas que ya tienen una casa y quieren comprar su segunda propiedad.

La clave está en que pueden rentar su primera vivienda y, gracias a eso, adquirir una segunda con un enganche muy bajo, de tan solo 3% o 5%. Es ideal para quienes quieren empezar a construir un patrimonio a través de bienes raíces.

2. **DSCR (Relación de cobertura del servicio de la deuda)**
   Este programa es muy útil para inversionistas o personas que desean ampliar su portafolio de propiedades en renta.

   Aquí no se revisan los ingresos personales: la aprobación del préstamo se basa únicamente en el ingreso que genera (o generará) la renta de la propiedad. Es una excelente opción para quienes ya tienen experiencia rentando y quieren seguir creciendo.

3. **ITIN Number**
   Pensado para quienes no tienen número de seguro social. Los bancos suelen pedir un enganche del 10%, muy similar a los programas tradicionales para quienes sí cuentan con seguro social.

   Este programa ha abierto la puerta a muchos compradores que antes pensaban que no podían calificar para una hipoteca.

4. **C4D (Contract for Deed)**
   Aquí el comprador aporta entre 10% y 20% de enganche, y puede haber una comisión de servicio adicional.

   Es ideal para quienes, por el momento, no tienen declaraciones de impuestos recientes o un puntaje de crédito suficientemente alto.

Funciona como una alternativa temporal para poder adquirir vivienda mientras mejoran su situación financiera o crediticia.

5. **Rent to Own**

   En este programa sí se requiere comprobante de ingresos y puntaje de crédito.

   Es una gran opción para personas que están en proceso de divorcio o que aún no están seguras de establecerse permanentemente en la ciudad donde viven. Les permite rentar mientras prueban si realmente quieren comprar esa casa más adelante.

6. **Convencional**

   El programa más común, pensado para compradores con buen crédito e ingresos comprobables. Permite financiamiento competitivo y flexibilidad en las condiciones del préstamo.

7. **FHA**

   Ideal para compradores primerizos. Pide un enganche bajo (desde 3.5%) y es más flexible con el puntaje de crédito y el historial financiero.

8. **VA**

   Exclusivo para veteranos y miembros activos de las fuerzas armadas.

   Ofrece beneficios únicos, como cero enganche y tasas de interés preferenciales.

9. **Rural (USDA)**
   Diseñado para zonas rurales o suburbanas. Puede permitir financiamiento del 100%, sin necesidad de enganche, siempre que la propiedad se encuentre dentro de las áreas aprobadas por el programa.

7. Mentalidad de éxito total

Para lograrlo debes:

- Soñar, vivir y respirar bienes raíces.
- Comprometerte a trabajar siete días a la semana al principio.
- Enfocarte 100 por ciento en construir tu negocio.

Recuerda esto siempre:
Entre más éxito tengas, más libertad disfrutarás.

Y lo mejor es que no necesitas esperar toda una vida para lograrlo: en tan solo cuatro o cinco años, puedes alcanzar libertad financiera y libertad de tiempo si sigues el sistema adecuado con disciplina y visión.

TIPS PARA LA VENTA EXITOSA DE UN LISTING

¿Sabías tú que es más fácil tener 10 ventas de listings al mes que 10 ventas de casas con compradores al mes? La razón es esta: usualmente, para vender una casa o 10 casas a compradores, vas a tener que mostrarlas tú o tu asistente, casa tras casa, una tras otra.

En cambio, si tú vendes 10 listings en un mes, prácticamente vas a invertir menos tiempo, ya que la propiedad la van a mostrar otros agentes por ti, y vas a poder recibir ofertas posiblemente en menos de tres días. En este capítulo quiero enfatizar lo importante que es aprender a dominar el mercado de los listings.

El precio correcto

¿Qué tan importante es poner el precio correcto a la hora de sacar una casa al mercado? Uno de los mayores problemas que se presentan cuando eres realtor y comienzas a manejar listings es la primera reunión con el vendedor. Usualmente, la mayoría de las veces, el vendedor va a querer pedir lo más posible por su casa: lo que él cree o piensa que vale. Muchas veces quiere determinar el precio por el valor sentimental de la propiedad: porque ahí crecieron sus hijos, porque él cree que vale más de lo que el mercado realmente pagaría, etc.

Yo siempre le digo a mi cliente: «El precio de tu casa lo va a determinar el mercado». Es bien importante que, a la hora de la visita, lleves de cuatro a cinco comparables de casas vendidas en el área, y se las muestres al cliente: en cuánto se listaron y en cuánto se vendieron.

Esto me ha funcionado demasiado bien. Por ejemplo, actualmente tuve una reunión con un cliente que lleva aproximadamente dos años tratando de vender su casa, sin éxito. El pide $500 mil dólares. La había listado con dos o tres compañías diferentes, durante meses, y no se ha vendido. Es el tercer año que intenta venderla.

La manera en que lo estoy trabajando es la siguiente: imprimí cuatro propiedades similares a la suya. El precio que él pedía eran $500 mil, y yo le dije: «¿Qué te parece si la ponemos en $400 mil dólares?». Él me respondió: «¿Por qué tan barata?». Entonces le mostré casas similares vendidas en los últimos cuatro o cinco meses en la zona, todas con la misma estrategia: se listaban por $400 o $415 mil, y se vendían hasta en $475 mil —esa es la estrategia que siempre uso—.

Siempre les digo a mis clientes la frase que viene del diseño minimalista: menos es más. Si pones tu casa por más dinero del que vale, vas a recibir menos o quizá no la vendas. Si la pones al precio adecuado, posiblemente recibas más de lo que esperabas.

Este cliente entendió. Esta haciendo las reparaciones pertinentes, y vamos a listar su casa no en $500 mil, sino en $400 mil, con la esperanza de venderla por más.

Otro ejemplo:
Llegó otro cliente y me dijo: «Raúl, quiero vender mi casa en $410 mil dólares». Una casa muy bonita, muy bien cuidada. El problema era la zona: la casa más grande del área, con más recámaras y más pies cuadrados, se había vendido por $389 mil. Yo le sugerí: «En vez de ponerla en $410 mil, ¿qué te parece si la ponemos en $389,900 y provocamos múltiples ofertas?». Mi cliente confió en mí, hicimos limpieza, tomamos fotos profesionales y publicamos la casa una semana antes como «Coming Soon». Esa es una estrategia que no debe fallar a la hora de sacar una propiedad al mercado.

La casa lucía hermosa. Pues resulta que en los primeros tres días recibimos alrededor de 27 visitas de diferentes compañías, y afortunadamente llegaron siete ofertas. La propiedad no se vendió en $389,900, tampoco en $410 mil como él quería, sino que se vendió en $430 mil dólares.

Cómo proteger al cliente

Yo sabía que la tasación (appraisal) iba a salir máximo en $389 mil. Entonces, ¿cómo proteger el bolsillo de mi cliente si la casa se estaba vendiendo en $430 mil? Lo que hice fue pedir al realtor del comprador que su cliente firmara una cláusula donde, si el appraisal salía menor, él pagaría la diferencia de su bolsillo. Esta cláusula se llama «appraisal gap coverage».
De esa manera, si el banco o la compañía de valuación daban un precio menor al de la oferta, el comprador era responsable de cubrir la diferencia.

El resultado: mi cliente quedó completamente satisfecho, vendió su casa listada en $389,900 por $430 mil, y con esa ganancia compró una propiedad más grande, más nueva, más bonita, con terreno, por $780 mil dólares.

CÓMO PREPARAR UNA CASA PARA QUE SALGA AL MERCADO

1. Preparación impecable de la propiedad

Antes de salir al mercado, sigue estos pasos:

- Contratar limpieza profesional: que la casa luzca impecable, como de revista.
- Contratar decoradora de interiores: decoración neutra, sin fotos personales, que permita que cualquier comprador se imagine viviendo allí.
- Contratar fotógrafo profesional: fotos de alta calidad que impacten desde la primera vista online.

2. Publicar en el momento estratégico

¿Cuándo lanzar la propiedad al mercado?

- Viernes por la tarde/noche.

Así lograrás:

- Aumentar el tráfico de compradores durante el fin de semana.
- Generar múltiples ofertas en los primeros días.
- Meta: Recibir mínimo tres ofertas el primer fin de semana.

Cuando miro hacia atrás, me doy cuenta de que todo lo que compartí en este capítulo —los sueños que me impulsaron, la claridad de un sistema bien diseñado, la inversión estratégica en publicidad, la confianza depositada en mi equipo y el equilibrio que aprendí a mantener entre el trabajo y la vida— fue construyendo una ruta directa hacia el éxito y la libertad financiera.

No con esto quiero decir que ya lo he alcanzado todo; cada día surgen nuevas ideas sobre cómo seguir innovando y desarrollando estrategias que me permitan conquistar nuevos niveles de éxito. Porque, como te he dicho antes, el cielo es el límite... y entre la tierra y él existe un vasto espacio donde los nuevos sueños pueden germinar, crecer y hacerse realidad.

Te dejo un último dato, casi se me pasa contártelo: cuando diseñé este sistema y lo seguí paso a paso, no imaginaba lo que vendría después. Pasé de vender 56 casas al año a romper la barrera de las tres cifras. Entre 2015 y 2025, vendí 1130 propiedades.

Sí, hiciste bien las cuentas: más de 100 casas al año durante toda una década.
¿Vale la pena?

Yo no tengo dudas: ¡Sí, sí y mil veces sí!

Y no lo digo solo por los números. Lo digo porque detrás de cada venta hay una historia, una familia, un sueño cumplido. Porque entendí que vender una casa no es solo una transacción; es abrirle la puerta a alguien hacia una nueva etapa de su vida. Cada firma, cada llave entregada, me recordó por qué empecé en este negocio y por qué sigo aquí. Esa conexión humana, ese sentimiento de propósito, es lo que mantiene los pies bien firmes en la tierra incluso cuando las cifras te empujan hacia el cielo.

Hoy miro mi vida y agradezco haber tenido el valor de creer en mi propio sistema, aun cuando otros dudaban. Agradezco cada error, porque fueron los que me enseñaron a afinar la estrategia. Agradezco cada pausa, porque me permitió respirar y volver con más claridad. Y sobre todo, agradezco cada oportunidad de compartir este camino, porque si mi historia inspira a una sola persona a creer que también puede lograrlo, entonces todo ha valido la pena.

Así que si algo quiero que te lleves de este capítulo, es esto: no temas soñar en grande, pero asegúrate de mantener los pies firmes en el suelo. Diseña un sistema, confía en él, rodéate de gente que crea en ti y nunca, jamás, dejes de aprender. Porque vender más de 100 casas al año es posible... pero hacerlo sin perder el piso, ese es el verdadero arte.

— CAPÍTULO 9 —

EL ARTE DE CONECTAR CON **CLIENTES** Y CERRAR UNA VENTA

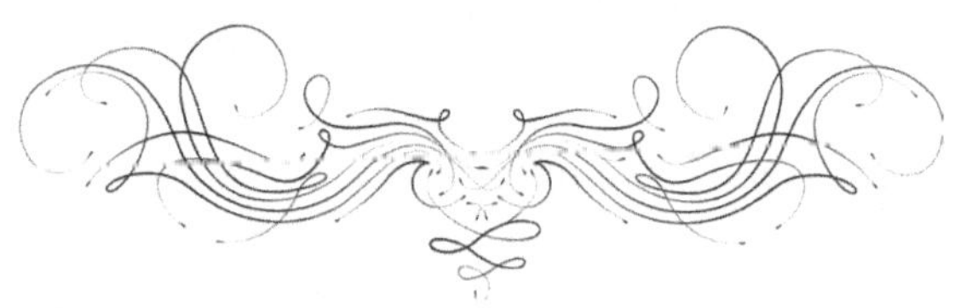

Quiero compartir contigo cómo aprendí a calificar a un cliente en apenas cinco minutos, y por qué eso cambió por completo la forma en que trabajo.

Recuerdo que al principio me abrumaba la cantidad de preguntas que los clientes tenían. Cuando me llaman, casi siempre me dicen:

—Señor Raúl, tengo muchas dudas, necesito que me explique todo.

—No se preocupe —les respondo tranquilo—, vamos a ir paso a paso. Lo haremos sencillo.

Ahí mismo empiezo a hacer las preguntas que sé que me darán la información que necesito:

—¿Está interesado en comprar casa? —les pregunto anticipando que me dirán que sí.

—¿En qué ciudad vive actualmente? —continúo con mi investigación.

Este es un punto clave para mí. Necesito saber dónde quiere vivir, porque eso me ayuda a entender qué tipo de casa y precio puede ser realista para él o ella. La mayoría busca quedarse cerca de su zona, así que con solo saber la ciudad, puedo calcular un rango de precios que funcionaría.

Por ejemplo, si alguien me dice que vive en Eagan, Minnesota, ya sé que el precio promedio de las casas ahí ronda los $380,000 dólares. Entonces, la siguiente pregunta es inevitable: «¿Cuánto gana al mes o al año?»

A veces me dicen cuánto ganan por hora, y ahí hago cuentas rápido en mi cabeza: horas por semana, semanas al año, y saco su ingreso anual.

Si me dicen que ganan, digamos, $35,000 dólares al año, les pregunto si hay alguien más que pueda aplicar con ellos. Generalmente aparece el cónyuge, y con sus ingresos juntos sé si es posible avanzar o no.

También me ha pasado que me dicen que apenas tienen su

número de Seguro Social. En esos casos, antes de mandarles con el banco, les explico qué deben hacer para empezar a construir su crédito. Porque no todo es dinero, el puntaje crediticio es igual de importante.

Honestamente, me toma apenas un par de minutos saber si alguien tiene la posibilidad de comprar una casa, y en cinco minutos ya tengo todo lo que necesito para iniciar el proceso: nombre, dirección, teléfono, fecha de nacimiento, número de Seguro Social. Esa información es esencial para que el banco pueda abrir su expediente.

¿Cuánto tiempo me tomó aprender a calificar a un cliente en cinco minutos? La verdad, no sabría decirlo con exactitud. Creo que fue algo que se fue dando desde el inicio, sin que yo siquiera me diera cuenta. Siempre tuve muchas ventas y, con el tiempo, entendí que hay un mundo de agentes que dicen «sí, sí calificas» sin tener ni idea si el cliente realmente cumple con los requisitos. Eso me parece una locura.

Para mí, antes de decirle a alguien que sí califica, hay que estar completamente seguro de que tiene el ingreso necesario y un buen crédito. Y algo que nunca, jamás he hecho ni haré, es mostrar una casa sin la pre-aprobación del banco en la mano. Eso es regla de oro.

Lo que marca la diferencia es saber hacer las preguntas correctas, sin rodeos ni perder tiempo. Para que te des una idea, te voy a contar cómo yo perfilo a un cliente en apenas dos minutos y cómo tomo toda la información en cinco.

Suena el teléfono:

—Hola, buenos días, habla Raúl Sánchez —contesto con mi voz más amable—, ¿en qué le puedo ayudar?

—Buenos días, soy Alfonso Cienfuegos, y tengo algunas preguntas sobre comprar una casa —me contestan del otro lado de la línea telefónica.

—Perfecto, ¿en qué ciudad vive usted? —continúo.

—En Minneapolis, MN —me responde.

—¿Quiere comprar casa ahí mismo? —le pregunto.

—Sí, me gustaría.

—Muy bien. ¿Aplicaría solo?

—Sí, solo.

—Señor Cienfuegos, ¿cuánto gana por hora?

—$35 dólares.

—Felicidades, gana bien —digo con una sonrisa en la voz—. ¿Es usted ciudadano, residente o tiene algún permiso de trabajo?

—Soy ciudadano —me responde.

—Excelente. ¿Ya tiene crédito establecido? —vuelvo a preguntar.

—Sí, tengo dos tarjetas y pago un carro mensualmente —me dice. En ese momento sé que estamos en buen camino. Le digo:

—Creo que el banco lo va a calificar. Ahora voy a tomar todos sus datos para enviarlos, ¿le parece? —le pregunto.

—Claro que sí —me responde.

Y empieza el juego de números y datos:
—Nombre completo.
—Alfonso Cienfuegos.
—Fecha de nacimiento.
—22 de noviembre de 1980.
—Número de seguro social. (Aquí bajo un poco la voz para que se sienta más cómodo.)
—Dirección postal.
—1312 Smith Rd, Minneapolis, MN.
—¿Cuándo es la mejor hora para llamarle?
—De 3 a 5 de la tarde, toda la semana.
—Perfecto. En menos de 24 horas le estaremos llamando con una respuesta.

Y así, en cinco minutos, tengo lo que necesito para mover la siguiente pieza. Eso es trabajo rápido, honesto y claro, porque el tiempo de todos es valioso.

EL ARTE DE CERRAR

Para mí, la pregunta clave no es solo cuándo cerrar, sino cuándo está realmente listo para empezar el proceso de compra. No es algo que se pueda adivinar, pero sí hay señales claras que siempre observo.

Primero, el cliente debe tener al menos dos años de declaraciones de impuestos en orden. Es algo que parece básico, pero sin ese historial es complicado avanzar.

Segundo, y quizá lo más importante, es que el ingreso debe ser suficiente, ya sea de una sola persona o combinado con alguien más. Esto no es negociable.

Tercero, y a veces lo que más pesa en el bolsillo, es tener el dinero disponible para el enganche. Porque no basta con que el banco te pre-apruebe; tienes que tener la liquidez para dar ese primer paso. Y **cuarto**, la estabilidad laboral: el cliente debe estar trabajando actualmente. Sin empleo, difícilmente se puede cerrar una compra.

Claro que no todos cumplen con estos requisitos estrictos. Por ejemplo, si alguien tiene un Número ITIN, casi seguro necesitará un enganche del 10 por ciento. Por eso siempre me aseguro de que tengan ese dinero listo.

Y luego está el tema del crédito. Generalmente, para calificar, el puntaje debe estar arriba de 620 o 660, dependiendo del programa. Pero también existen opciones más flexibles: si alguien no tiene crédito o no tiene esos dos años de impuestos, puede entrar a programas especiales como el «Non-QM» o «No Income Verification». En esos casos, si cuentan con suficiente dinero para el enganche y cubrir costos, pueden comprar sin tener que mostrar ingresos o historial crediticio.

Tengo dos historias que siempre me vienen a la mente cuando pienso en cierres complicados.

La primera es de una clienta que estaba a punto de cerrar la compra de su casa. Ella tenía dos trabajos y todo parecía ir viento en popa. Estábamos a dos días de la firma final, ese momento en que se entrega el enganche y el banco libera el dinero. Pero el banco, como parte del proceso, hace una llamada para confirmar que la persona sigue empleada. En su caso, eran dos trabajos.

Lo que pasó fue que, justo una semana antes del cierre, la señora renunció a uno de sus empleos... y no nos avisó. Cuando el banco me llamó, me dijo: «Dile que regrese a trabajar, porque si no, no podemos cerrar». Así que hablé con ella, y me confesó que estaba cansada. Le expliqué que debía esperar a cerrar primero, pero me dijo que aunque le ofrecían volver, ella no quería. Insistí, le dije: «Dígales que regresa mañana mismo, para que cuando el banco llame puedan confirmar su empleo». Por suerte, accedió, regresó, y pudimos cerrar la venta.

La segunda historia es de este año, 2025, cuando vendí la misma casa tres veces.

La primera vez, el agente del comprador se fue de vacaciones, a algún lugar lejano, y desapareció justo en el periodo de inspección. Cuando regresó, ya había pasado el plazo para renegociar, pero intentó hacerlo igual. Logramos un acuerdo, pero luego el comprador no calificó para el préstamo porque su ingreso ya no alcanzaba.

La segunda vez, la venta se cayó otra vez por temas laborales del comprador. En este año, los intereses estuvieron muy inestables, subían y bajaban sin parar, lo que complicó todo.

Pero en la tercera oportunidad, finalmente vendimos la casa. Lo curioso es que no solo estábamos vendiendo la propiedad de mi cliente, sino también comprando otra, que a su vez estaba ligada a una tercera venta. Una cadena.

El aprendizaje que quiero compartir es que siempre, cuando vendas una casa, pongas en el contrato que la compra de la nueva propiedad depende de la venta de la actual. Eso nos salvó. Fue un proceso agotador, frustrante. De broma le dije a mi cliente: «Vamos a tener que cobrarte la comisión tres veces, porque ya vendimos tu casa tres veces». Pero era en confianza, porque este cliente ya había comprado conmigo varias veces. A estos clientes se les quiere, respeta y admira mucho.

Así que esas son mis dos historias: una difícil, pero con final feliz, tanto del lado de la compra como de la venta. Cada una con sus retos, pero también con sus grandes lecciones.

SÉ EMPÁTICO

Ahora te diré algo muy importante: La empatía, que es algo fundamental. No se trata solo de vender una casa o cerrar un trato; se trata de entender a la persona que está al otro lado, con sus dudas, miedos y esperanzas. Siempre intento ponerme en los zapatos de mis clientes, imaginar cómo se sienten, qué esperan, qué necesitan realmente.

Soy muy honesto con mis clientes, nunca finjo ni les doy falsas expectativas, y además soy rápido y eficiente, porque sé que el tiempo de todos es valioso. Sin embargo, hay una línea que nunca cruzo: el profesionalismo.

Respeto mucho a mis clientes, pero mantengo una distancia clara. No somos amigos para salir a tomar, ni compañeros de parranda. Somos profesionales trabajando juntos para lograr un objetivo.

Esta separación me ha funcionado muy bien. No siento que pierda cercanía con mis clientes, al contrario, ellos me valoran y confían en mí. Creo que más del 99 por ciento de quienes compran conmigo vuelven a hacerlo o me recomiendan a sus familiares y amigos, eso es algo que me llena de orgullo.

Mantener esta relación profesional y respetuosa me ha ayudado a construir una carrera sólida. No siempre es fácil, especialmente cuando uno se encariña con las personas, pero he aprendido que esa claridad en la relación es la base para el éxito a largo plazo.

ERRORES GRAVES CON EL CLIENTE

Hay un tema delicado y es el de los errores que pueden cometer los agentes al seguir a un cliente que no ha calificado. He visto cómo muchos compañeros se equivocan en este tema.

La verdad es que, si un cliente no está listo para comprar, lo peor que puedes hacer es engañarlo o darle falsas esperanzas. Eso solo genera frustración y, al final, el cliente se va con alguien que realmente sabe.

He escuchado muchas veces: «Raúl, tú eres tan directo y honesto, que cuando dices "no", es porque realmente no se puede. Y cuando dices "sí", aunque no sea inmediato, sabes que en algún momento sucederá».

Eso me lo han dicho clientes que vinieron después de pasar por experiencias complicadas con otros agentes, pues resulta que muchos agentes muestran casas sin tener la certeza de que el cliente está aprobado o tiene el ingreso necesario.

Esa práctica solo desgasta a ambas partes. Por eso, siempre digo: si no está listo, no le muestres casas. Dile la verdad, aunque a veces duela. Es mejor ser honesto que alimentar un sueño que no va a cumplirse.

Lo que más me importa es que el cliente sienta que puede confiar en mí, que soy transparente y que no voy a hacerle perder el tiempo. Esa confianza es la base para construir una relación duradera y exitosa.

Otro factor muy importante es no irse al extremo. He aprendido que no se trata de perseguir a un cliente como si fuera un partido que debes ganar a toda costa.

Más bien, se trata de construir una relación de respeto y colaboración. Estamos en el mismo equipo: tú quieres comprar una casa, yo quiero ayudarte a encontrarla y cerrar la mejor operación posible.

Con los clientes que no están listos, trato de ser paciente y estratégico. Les doy espacio, les hablo de vez en cuando para recordarles que sigo aquí para cuando decidan avanzar. Normalmente, intento no llamar más de cuatro veces en diferentes momentos; si no responden, sé que no es su tiempo. Lo que sí he notado es que, aunque se alejen, muchos regresan cuando finalmente están listos. Esa semilla que plantas con respeto y sin presión, florece después, pero saber entender la situación es un aprendizaje que te lleva años.

La clave está en identificar quién realmente quiere avanzar y quién solo está viendo por curiosidad o sin compromiso.

Aprender a diferenciar eso te salva de desgastarte y perder oportunidades reales.

Por supuesto, también hay anécdotas muy buenas, por ejemplo una que siempre me viene a la mente y me llena de orgullo es sobre una pareja de Ecuador, una pareja hermosa y trabajadora, que llevaba seis meses con otro agente y nada, sin éxito. Habían puesto como seis ofertas y ninguna había sido aceptada. Se sentían agotados y desanimados.

Ese día me pidieron ver tres casas en Coon Rapids, Minnesota.

—Queremos poner oferta aquí —me dijeron al ver la primera.

—Ya que estamos, veamos las otras dos —les propuse.

Ellos insistieron en que solo querían la primera, y está bien.

Llamé al agente de la casa y me dijo que había siete ofertas más. Sí, siete. Competimos con todas, y al día siguiente les llamé:

—¡Ganamos la oferta!

La mujer se puso a llorar.

—Raúl, ¿cómo es posible que con otro agente no ganamos ninguna y con usted ganamos a la primera? —me dijo entre sollozos.

La verdad, es que es experiencia, perseverancia y no rendirse.

He ganado ofertas compitiendo contra 32, contra 27, contra 17... y casi siempre, ganamos. Eso sí, con honestidad y mucha estrategia.

LA HONESTIDAD ES INDISPENSABLE

La honestidad es la base de todo en este negocio. El 23 de abril de 2025, me pasó algo que me recordó lo valioso que es ser transparente. Me llamó una agente que representa al comprador, y con mucha pena me dijo: «Raúl, no vamos a poder cerrar mañana porque mi cliente no calificó. Se terminó el dinero de la asistencia del gobierno y no puede comprar».

A veces, enfrentarse a esa realidad es duro, pero prefiero mil veces la verdad que una mentira que solo crea falsas expectativas. Le dije que no se preocupara, que estas cosas pasan y que hay que seguir adelante. Ella fue sincera, y eso le ganó respeto.

Cuando hablo con mis clientes, siempre les digo lo mismo: «Si algo se complica, te lo voy a decir al instante, para que no te lleves sorpresas».

Si hablas con la verdad, aunque la noticia no sea buena, el cliente lo valora. En cambio, esconder información solo crea problemas y rompe la confianza.

Por eso, si surge un problema, tomo el teléfono, llamo, mando un mensaje de texto, un correo... no dejo que nadie se sienta desinformado. Eso genera respeto y lealtad, y mantiene la puerta abierta para futuras oportunidades.

Este negocio es una montaña rusa emocional, y aprender a manejar esas caídas es clave. Recuerdo bien abril de 2025: teníamos 13 casas por cerrar. Se cayó una venta, otras tres se movieron para el mes siguiente. ¿Y sabes qué? No pasó nada. Seguimos firmes, sin perder el paso.

Al principio me frustraba mucho cuando un cierre se caía, sobre todo porque ya había contado con esa comisión. Pero con el tiempo entendí algo fundamental: no hagas planes con dinero que no está en tu cuenta. Mientras el cheque no se refleje, esa venta no es tuya.

Hay una regla de oro en este negocio: «No involucres tus sentimientos en el negocio. La energía puede ser positiva o negativa. Aprende a manejarla».

Cuando un cliente se estresa, siempre les recuerdo que los últimos días antes de la firma son los más tensos, pero que en pocos meses estarán en su casa, disfrutando su nuevo hogar. Eso les da un poco de calma y a mí también me ayuda a mantener la perspectiva.

Cuando un expediente se complica, sigo estas reglas: enfrentar el problema, buscar soluciones, comunicarme con todos, ser honesto y estar dispuesto a ceder. Así se sobrellevan las crisis sin perder la confianza.

La confianza es fundamental, por eso desde que tomo la llamada con un cliente, siempre busco inspirarle confianza. Siento que eso es la base para que quieran trabajar conmigo y luego me recomienden. Cuando voy a poner una casa a la venta, casi siempre firmamos el contrato; diría que en un 80 por ciento lo hacen en el primer encuentro, y el resto un poco después, cuando ya están seguros.

No soy de esos agentes que presionan. He aprendido que si corres detrás de alguien, ese alguien se aleja. En cambio, si muestras respeto por su tiempo y les das espacio para decidir, regresan. Eso crea una relación más sólida.

Durante todo el proceso, la empatía y la transparencia son clave. Les trato con respeto y les doy toda la información para que tomen decisiones informadas. Al final, cuando firmamos, siempre les doy tres tarjetas mías y les pido que, si conocen a alguien que necesite ayuda, me recomienden.

También les pido que me dejen una reseña en Google o Facebook ese mismo día. Eso ha sido muy importante para construir mi reputación. Gracias a esas recomendaciones, cada vez más gente me busca porque saben que pueden confiar en mí.

En este negocio, la inteligencia emocional es muy importante, aprender a manejar tus emociones es fundamental.

Lo que realmente ayuda es mantener la calma y la perspectiva. No te emociones demasiado cuando algo sale bien ni te hundas cuando algo sale mal. Hay que canalizar la energía para seguir adelante y mantenernos equilibrados.

Ahora, cuando un cliente me llama preocupado por problemas antes del cierre, trato de tranquilizarlo: «Estos últimos días son los más difíciles, pero piensa en la familia que va a vivir en su nueva casa pronto. Solo sigue entregando los documentos que te piden y todo va a salir bien».

Cuando un expediente se complica, hay que actuar rápido y con inteligencia. Apuntar al problema, buscar soluciones, comunicar con todos los involucrados, hablar con la verdad y estar dispuesto a ceder cuando sea necesario. Esa es la fórmula para rescatar una venta complicada.

Como dice una frase famosa: «nada es para siempre, ni las derrotas, ni las victorias. Si ganas, celebra un poco, pero de inmediato ponte a trabajar otra vez. Y si pierdes, ponte a trabajar todavía con mayor rapidez, para que no te quede tiempo de lamentarte».

LAS CINCO HISTORIAS MAS CONMOVEDORAS DEL REAL ESTATE

En todos mis años en el mundo del real estate he visto de todo: desde transacciones rápidas y sencillas hasta casos que parecían imposibles. Pero lo que más atesoro no son los números ni las ventas, sino las historias de las personas que han confiado en mí para cumplir su sueño de tener una casa. Cada historia me ha dejado una lección, me ha tocado el corazón y me ha recordado por qué hago lo que hago.

Aquí quiero compartir contigo cinco de esas experiencias que, más allá de lo profesional, marcaron mi vida y me enseñaron que vender casas es mucho más que cerrar tratos: es transformar vidas.

La directora que pudo comprar casa

Recuerdo a una mujer que tendría unos sesenta y tantos años. Llega conmigo y me dice:

—Raúl, he escuchado mucho de ti. Me han contado que has ayudado a muchísima gente a comprar casa, y yo tengo un caso muy complicado.

—A ver, cuénteme cómo está su situación —le digo.

Ella me explica que ya había acudido a varias compañías para que la ayudaran, pero todas le dijeron que no era posible porque en su crédito aparecían pagos atrasados de una casa.

Resulta que había comprado una casa con su exesposo, a nombre de los dos. Después se divorciaron y el juez determinó que la casa se le quedaba al esposo. Entonces, aunque en el crédito de ella aparecían los atrasos, en realidad no era responsable de esos pagos.

La mayoría le había dicho que no podía comprar casa por ese motivo. Pero afortunadamente, uno de los banqueros con los que yo trabajaba me dijo: «Pídele que nos consiga el Divorce Decree, la carta del divorcio donde se especifica cómo quedaron las responsabilidades».

Efectivamente, en ese documento el juez establecía que todos los beneficios y responsabilidades de la casa eran únicamente del esposo, no de ella. ¡Increíble! Nunca lo había visto, ni me lo hubiera imaginado. Con ese documento fuimos al banco y lo usamos como argumento. Y el banco, aunque veía en su crédito los pagos atrasados, hizo una excepción: reconoció que ella no era responsable. Gracias a eso, ¡pudo comprar casa!

El día de la firma, después de haber encontrado la casa de sus sueños, esta directora de kínder me dijo con lágrimas en los ojos: «Raúl, te agradezco muchísimo por haberme ayudado. Esta casa no es solo para mí, es para mi hija, para mi yerno, para mis nietos».

La mujer lloraba de gratitud, de alegría, de satisfacción. Y esa historia la guardo para siempre en mi mente y en mi corazón.

El joven de 21 años que ayudó a comprar casa a su papá

Aquí no sé quién fue más bendecido, si el señor que recibió la casa de su hijo o el hijo que pudo ayudar a su papá. Escuchen cómo terminó esta historia.

Recuerdo que era más o menos abril del 2024 cuando vino un señor y me dijo:

—Raúl, quiero comprar casa, pero quiero que la casa salga a nombre de mi hijo.

—¿Qué edad tiene su hijo? —le pregunto.

—Mi hijo tiene 20 años —me responde, pero el problema era que el ingreso del hijo no era suficiente.

—¿Puede conseguir a un cofirmante? —le vuelvo a preguntar.

—Voy a buscar a alguien más que nos pueda ayudar —me contesta.

Buscaron un cofirmante, y finalmente un sobrino del señor se ofreció para apoyar.

Así quedó la compra: el joven de 20 años —que cuando iniciamos el proceso tenía esa edad y cuando llegó la firma ya tenía 21—, junto con el sobrino como cosigner. La aplicación se sometió en abril y, entre que sí se podía y no se podía, pasaron varios meses. Al final, la firma se concretó hasta noviembre del 2024, después de esperar casi medio año.

Gracias a Dios, este muchacho pudo recibir la asistencia del programa de gobierno First Generation (Primera Generación).

Recibió aproximadamente 55 mil dólares en apoyo. Me sentí tan contento porque vi cómo un papá, primera generación llegado de México, que trabajó duro toda su vida para sacar adelante a su familia, ahora podía ver a su hijo —con seguro social, con oportunidades— recibir esa bendición y lograr lo que él soñó.

Para mí fue increíble presenciar la felicidad de esta familia.

Me da gusto que ya vas a tener casa —recuerdo que le dije al muchacho—. Mira, el garaje está hermoso, la yarda, muy amplia, vas a poder disfrutarla.

—¿Sabe qué es lo que más voy a disfrutar? —me miró a los ojos y me contestó—, mi privacidad. Por fin voy a tener mi propio cuarto.

¿Te imaginas, tú que lees este libro, haber crecido hasta los 21 años en un sótano, compartiendo el mismo espacio con tus papás y tus hermanos? Y de pronto tener tu casa propia, con un cuarto solo para ti, tu propio espacio, donde puedas cantar, gritar, dormir o hacer lo que quieras.

Eso fue lo que me llenó los ojos de lágrimas: ver su mirada y escucharle decir con tanta emoción que, por primera vez en su vida, iba a tener privacidad y un lugar suyo. Para mí, fue profundamente conmovedor.

Cinco generaciones en un mismo lugar

Recuerdo que en una de las ventas que tuve fuimos a mostrar una casa en la ciudad de Richfield, Minnesota. La propiedad estaba en una esquina, muy bonita. La señora, junto con su esposo, estaba aplicando para comprarla.

Ese día la señora llevó a su hija, y su hija a su vez llevó a su pequeña. Pero ahí no terminaba la historia: también estaba presente la mamá, la abuela y la bisabuela de mi clienta. Imagínense: ¡cinco generaciones reunidas en un mismo lugar! Para mí fue algo muy especial, porque a veces no importa en qué generación estés, lo cierto es que cuando logras algo grande en tu vida, ese triunfo puede arrastrar bendiciones para las generaciones que vienen detrás de ti.

En esa casa grande, enorme, iban a vivir posiblemente la bisabuela, la abuela, la madre, la hija y la nieta. Fue tan bonito darme cuenta de que un acto de triunfo para una persona se convertía en bendición para cinco generaciones enteras.

Esta familia era de Ecuador, y yo creo que son muy afortunados de tener tantas generaciones vivas, de poder disfrutarlas y ahora reunirlas bajo un mismo techo, en un pedacito de la tierra de los sueños que se llama Estados Unidos.

La nieta y la abuela

Estas mujeres son de Tamaulipas, México. La abuela tendría unos sesenta y tantos años; la nieta, apenas 19. Y quien me contactó no fue ni la abuela ni la nieta, sino la mamá. Ella me llamó para pedirme ayuda para comprar casa. Le dije: «¡Felicidades! Me está llamando en un muy buen momento, porque el gobierno federal está ofreciendo 55 mil dólares en asistencia para compradores de primera generación».

Cuando conocí a la muchacha de 19 años, vi que no calificaba sola porque su ingreso no era suficiente. Entonces le pregunté:

—¿No tendrás algún cofirmante que pueda aplicar contigo?

—Yo no, porque no tengo seguro —me respondió la mamá—. Pero le puedo pedir a mi mamá... o sea, la abuela de mi hija.

Le expliqué que no había problema aunque la abuela ya tuviera casa. Y gracias a Dios, la abuelita aceptó ser cosigner de su nieta. Así, pudieron completar la compra y recibir la asistencia de gobierno para primera generación. Como la mamá no tenía casa, la nieta sí calificaba para ese apoyo.

El día de la firma fue emocionante: la abuela irradiaba satisfacción, la mamá estaba feliz y la nieta no cabía de alegría por haber logrado comprar una casa.

Y algo que siempre me sorprende: en estas historias tan conmovedoras, casi siempre la vida también acomoda el detalle de la «casa perfecta». Esta vez no fue la excepción. Recuerdo que la propiedad era seminueva, había salido recién al mercado y tuvimos que competir con varias ofertas... ¡pero la ganamos!

Lo más curioso es que, en todo lo que quedó de ese año, no vi ninguna otra casa parecida por ese precio. Y me pongo a pensar: ¿será que la vida tiene las cosas destinadas para las personas en el momento justo? Increíble recordarlo.

El lavaplatos que creyó en un sueño

Esta historia me llena de gratitud y me alegra el corazón. Me motiva a seguir inspirando a más personas, porque comprar una casa —o ayudar a alguien a comprarla— no es solo un trabajo que a veces estresa, cansa o desgasta. Es, sobre todo, un acto de esperanza y de inspiración para quienes creen que los sueños se pueden cumplir.

Recuerdo que tenía apenas 18 años cuando entré a trabajar como lavaplatos en un restaurante italiano llamado Tucci Benucch. La persona que me enseñó todo lo necesario para sacar adelante el trabajo era un hombre mayor, calculo que tendría unos cincuenta años.

Estuve tres meses lavando platos, después algunos meses más como busboy, limpiando mesas. En total trabajé alrededor de un año en ese restaurante, hasta que decidí emprender: primero con Caliente Imports, después con Plaza del Sol, y más tarde ya como agente inmobiliario.

Siempre he tenido la fortuna de conservar el mismo número de teléfono, y ahí tenía guardados mis contactos. Así que, cuando empecé a vender casas, uno de los primeros a quienes llamé fue precisamente aquel hombre que me había enseñado a lavar platos, a usar la máquina, a trabajar en el «cochambre».

—Oiga, don Catarino, ¿por qué no compra una casa? —recuerdo que le pregunté.

—No, yo no calificaría, gano muy poco —me respondió.

—No se preocupe, vamos a buscar la manera de que califique —le contesté—. ¿Qué tal si su hijo aplica con usted?

Y así fue. Su hijo aplicó y, bendito sea Dios, lograron comprar la casa. Yo apenas tenía 20 o 21 años, pero ya estaba logrando algunas de mis primeras ventas.

Catarino fue un dueño ejemplar. Siempre estuvo pendiente del mantenimiento: con el tiempo cambió el techo, poco a poco reemplazó ventanas, remodeló la cocina y mantuvo la yarda impecable. Era un hombre limpio y trabajador, y se notaba en cada detalle de su hogar.

Pasaron más de veinte años. Con el tiempo, Catarino envejeció y empezó a tener problemas de salud. Un día me dijo:

—¿Sabes qué, Raúl? Creo que ya es tiempo de regresar a México y quiero vender mi casa.

—Con mucho gusto, don Catarino —le respondí.

Y así lo hicimos. Gracias a Dios, pudo obtener buenas ganancias y retirarse a su país de origen con dinero en mano, fruto de aquella decisión que había tomado tantos años atrás.

Y aquí está la reflexión: ¿cuánto podría haber ahorrado un lavaplatos durante 20 años, pagando renta, comida y biles? Muy poco, seguramente. Pero como me escuchó hace más de dos décadas, pudo comprar su casa, y al venderla, se llevó una recompensa que cambió su retiro.
Creo que esta es una de las historias que más me inspiran y me conmueven. Me llena de gratitud hacia Dios y hacia la vida. Y me confirma que la labor que hago no solo es gratificante para mí, sino también para mis clientes. Porque esta historia demuestra que los sueños se cumplen, que vale la pena esforzarse, que nada es fácil... pero tampoco imposible.

TÚ TAMBIÉN PUEDES LOGRARLO

Después de vivir y acompañar estas cinco historias, me queda claro que cada casa tiene un corazón y cada firma lleva consigo una historia de lucha, de sueños y de esperanza. Yo no vendo solo paredes ni techos: vendo oportunidades, vendo tranquilidad, vendo la posibilidad de que una familia escriba ahí los mejores capítulos de su vida. Cada cliente me recuerda que este trabajo no se trata únicamente de trámites y contratos, sino de sembrar semillas que darán fruto por generaciones.

Por eso te digo, con toda mi fe y con toda mi experiencia: si ellos pudieron, tú también puedes. Tal vez hoy pienses que es imposible, que tu situación es complicada o que no tienes lo suficiente, pero quiero que sepas que los sueños se cumplen cuando hay determinación, esfuerzo y confianza en que siempre habrá un camino. Nunca te rindas, porque tu casa, tu espacio, tu lugar en este mundo, puede estar más cerca de lo que imaginas.

SOLD

—CAPÍTULO 10—

LOS 20 ERRORES QUE NUNCA DEBES COMETER

En bienes raíces, cada paso que damos define nuestro camino hacia el éxito.

A continuación, comparto información que puede marcar la diferencia entre el camino arduo y lleno de tropiezos o uno con atajos que te harán llegar más pronto al éxito.

Este texto reúne los 20 errores que nunca deben cometerse, pero más que advertencias, son lecciones para crecer y fortalecerse en la profesión.

Seguir estas indicaciones te permitirá construir una carrera sólida, ética y respetada. Cada decisión consciente que tomes te acercará a lograr clientes satisfechos, proyectos exitosos y metas cumplidas.

Aprende de quienes ya hemos transitado este camino y permite que estas pautas sean tu guía hacia un futuro más seguro y prometedor en el mundo inmobiliario.

Esta es una guía dura, práctica y sin filtros.

1. NUNCA TRABAJES CON ALGUIEN QUE NO QUIERA TRABAJAR CONTIGO

Uno de los errores más comunes, y a la vez más costosos, es insistir en trabajar con un cliente que desde el inicio demuestra poca disposición, falta de compromiso o simplemente no tiene interés real en colaborar.

En esta profesión, la energía que inviertes es tan valiosa como tu tiempo, y cuando ambos recursos se desgastan con una persona equivocada, el costo es mayor de lo que parece: pierdes concentración, caes en desgaste emocional y, lo peor, te cierras la puerta a clientes con los que sí podrías construir relaciones sanas y productivas.

Recuerda algo esencial: no todos los prospectos son tus clientes. A veces, por ansiedad de cerrar una operación, los agentes insisten en retener a alguien que muestra dudas, evasivas o actitudes poco profesionales. Esa insistencia puede transformarse en problemas legales, pérdidas económicas y un desgaste personal que te roba la motivación para seguir avanzando.

Yo tuve una experiencia personal muy aleccionadora.

En más de 20 años de carrera, solo una vez terminé en una corte y fue por algo tan absurdo que todavía lo recuerdo como una advertencia permanente: **nunca trabajar con quien no está listo para comprometerse.**

El cliente quiso comprar una casa bajo condiciones muy claras: se vendía «tal cual (as is)» y el apartado no era reembolsable.

Todo estaba por escrito y explicado desde el inicio; sin embargo, semanas después, cuando el banco pidió reparaciones para autorizar el préstamo, el vendedor, de buena fe, accedió a realizarlas, aun cuando el contrato no lo obligaba. Pero con todo y eso, el comprador cambió de opinión y no quiso comprar.

Ese fue el comienzo de una pesadilla innecesaria. El contrato estaba claro, la palabra estaba dada, pero la indecisión del cliente hizo que el caso llegara hasta los tribunales.

La jueza, con una paciencia mínima, escuchó lo indispensable y dictó sentencia: el comprador no tenía derecho a recuperar nada. Yo gané el caso, sí, pero la experiencia me dejó otra lección más valiosa: había perdido algo que jamás se recupera, el tiempo y la energía invertidos en un cliente que nunca estuvo comprometido. Y además, perdí la comisión que ya estaba prácticamente ganada.

La enseñanza

No se trata de ganar un pleito ni de demostrar que tenías la razón; se trata de trabajar con clientes que respeten su palabra y entiendan que este negocio funciona sobre la confianza mutua. Aceptar una cancelación nunca es fácil, pero a veces es la mejor salida: cancelas, cierras el expediente y olvidas que ese cliente existió.

Cuando detectes señales de que un cliente no quiere comprometerse, ya sea porque evita firmar, pospone decisiones, o simplemente no respeta acuerdos básicos, la mejor decisión es dar por terminada la relación antes de que te arrastre a una pérdida mayor. Tu enfoque, tu energía positiva y tu reputación en el mercado son mucho más valiosos que cualquier comisión mal lograda.

2. NUNCA MUESTRES CASAS A UNA PERSONA SIN ESTAR CALIFICADA O APROBADA PARA UN PRÉSTAMO

Debes recordar siempre que tu tiempo y el de tu cliente son lo más valioso. Mostrar casas a alguien que no está aprobado para un préstamo o que no tiene capital comprobable es como construir un castillo en el aire: parece emocionante, pero tarde o temprano se derrumba. En más de 20 años de carrera, solo he cometido este error en seis ocasiones, y en ninguna de ellas el cliente terminó comprando. Esa estadística, por sí sola, es suficiente para entender que no vale la pena.

Recuerdo a uno de mis primeros clientes que me pidió ver casas sin estar aprobado.

Confié en su palabra y lo llevé a recorrer varias propiedades.

El entusiasmo era real, pero al momento de iniciar el proceso formal, el banco lo rechazó. Su frustración se transformó en enojo, y yo quedé como el «culpable» de haber generado falsas expectativas.

No es agradable. No es justo, pero son lecciones que se aprenden rápido. Ahí comprendí que la emoción de mostrar una casa no debe ganarle a la disciplina del proceso.

Como representantes del comprador, nuestra obligación es clara: si el cliente no califica, debemos ayudarlo a conseguir la carta de negación para recuperar su apartado.

Con frecuencia recibo clientes que antes trabajaron con otros agentes. Muchos llegan molestos porque les mostraron casas, se emocionaron, imaginaron su vida en ellas... y al final descubrieron que no podían comprarlas. Esa es una de las peores experiencias que un cliente puede tener en bienes raíces. No solo se siente frustrado, también pierde confianza en los agentes.

Por eso mi regla es inquebrantable: nunca muestro casas sin una aprobación previa o sin que el dinero para el enganche esté comprobado. Así evito emociones innecesarias, protejo la relación de confianza con el cliente y, sobre todo, ahorro tiempo que puedo invertir en quienes sí están listos para comprar.

La enseñanza

El negocio inmobiliario no es solo vender casas: es manejar expectativas, emociones y confianza. Mostrar propiedades sin que el cliente esté calificado es arriesgar todo eso.

Debes ser firme, establecer reglas claras desde el principio y recuerda: si el cliente está realmente interesado, hará lo necesario para obtener su aprobación. Y cuando llegue el momento de mostrarle casas, la experiencia será mucho más satisfactoria y productiva para ambos.

Nunca muestres casas sin tener certeza de que tu cliente está calificado o cuenta con el efectivo comprobable. Evitarás perder tiempo, energía y credibilidad. Al mismo tiempo, estarás protegiendo a tu cliente de frustraciones innecesarias. Recuerda: un asesor inmobiliario exitoso no solo vende propiedades, también educa y guía con firmeza. Cada vez que estableces un filtro claro, refuerzas tu profesionalismo y construyes la confianza que te abrirá más y mejores negocios en el futuro.

3. NUNCA ESTIRES DEMASIADO UN EXPEDIENTE CON TAL DE CERRAR UNA OPERACIÓN

En esta profesión encontrarás clientes sin el compromiso suficiente; y tarde o temprano buscarán cancelar el trámite. **Debes estar preparado.**

Hay que reconocer las señales de que un expediente está en riesgo

Un expediente débil se reconoce desde el inicio. Los clientes que empiezan a buscar excusas son una alerta clara y yo recuerdo las que he escuchado: «Mi don, creo que ya no quiero comprar» o «Mi don, creo que me van a correr del trabajo».

Frases como esas no son detalles menores, son advertencias de que el compromiso está tambaleando y de que, si sigues adelante a la fuerza, terminarás con un expediente estirado artificialmente que tarde o temprano se rompe.

Cuando un cliente no tiene la convicción ni la estabilidad para cumplir, por más energía que pongas en rescatar el expediente, lo único que lograrás es desgastarte. Intentar convencerlo a toda costa es inútil: no se trata de empujar a alguien a comprar, sino de guiarlo cuando de verdad tiene la decisión y la capacidad.

La importancia del **contrato** es crucial. Conocer bien las cláusulas del contrato es tu escudo. El purchase agreement no es un simple documento: es la base que sostiene la relación entre comprador y vendedor. Léelo una y otra vez, hasta dominarlo al punto de poder educar a tu cliente con cada artículo y cada detalle. Hazle ver que no está firmando un papel cualquiera, sino un compromiso legal que tiene consecuencias.

Recuerdo un caso en particular. Un cliente decidió no cumplir con su contrato, creyendo que no pasaría nada. El asunto llegó hasta la corte y el juez lo obligó a pagar alrededor de $25,000 dólares por incumplimiento. ¿La razón? No respetó lo que había firmado. La ley fue clara y contundente: los contratos se cumplen.

La enseñanza

Nunca caigas en la tentación de alargar artificialmente un expediente con tal de cerrar una operación. Eso puede darte una ilusión de avance, pero en realidad te aleja de clientes verdaderos y de oportunidades reales. Si detectas que alguien no tiene compromiso, corta por lo sano, agradece su tiempo y sigue adelante. Tu reputación y tu energía son demasiado valiosas para desgastarse en expedientes muertos.

En este negocio, la experiencia te enseña que no todos los clientes son para ti, y está bien. La clave está en identificar rápido a quién sí vale la pena acompañar hasta el cierre y a quién es mejor soltar. Porque en bienes raíces, como en la vida, no se trata de estirar lo que no tiene futuro, sino de invertir tu tiempo en lo que realmente dará frutos.

4. NO FUERCES A UN CLIENTE A HACER UNA OFERTA SI NO ESTÁ SEGURO

Cuando un cliente duda, hay altas probabilidades de que cancele antes o durante la inspección.

Es natural que algunos clientes sientan miedo al compromiso de comprar una propiedad; después de todo, es una de las decisiones financieras más importantes de su vida.

Mi experiencia me ha enseñado que empujarlos para que presenten una oferta rara vez termina bien. Cuando alguien no está convencido, tarde o temprano aparecerán dudas, excusas y, en el peor de los casos, cancelaciones que desgastan tu energía y reputación.

Recuerdo un cliente que estaba interesado en una propiedad de alta demanda.

Al principio, mostró entusiasmo, pero cada vez que mencionábamos los detalles de la inspección o los costos de cierre, surgían dudas: «No sé si esto es lo correcto» o «Tal vez debamos esperar otra propiedad».

En lugar de presionarlo, le di espacio, revisamos opciones comparables y respondimos a cada una de sus inquietudes con paciencia y transparencia. Dos semanas después, él mismo tomó la decisión de presentar la oferta, completamente seguro y comprometido. La transacción se cerró sin problemas y todos quedamos satisfechos.

Forzar a alguien a actuar antes de estar listo solo genera estrés, retrasos y, en muchos casos, pérdida de confianza. Tu rol como profesional inmobiliario es guiar, educar y acompañar al cliente para que tome decisiones informadas, nunca manipularlo para que firme por presión.

La enseñanza

Respetar los tiempos de tu cliente no solo demuestra profesionalismo, también fortalece la relación y aumenta las probabilidades de éxito. La paciencia paga: cuando un comprador actúa convencido, no solo cierra la operación, sino que se convierte en un cliente satisfecho que recomendará tus servicios y volverá en el futuro. Tu energía y reputación se mantienen intactas, y tu trabajo fluye con más confianza y resultados.

5. NUNCA MUESTRES CASAS SIN CONOCER EL PAGO MENSUAL DE TU CLIENTE

Entender la capacidad de pago mensual de tu cliente es clave para evitar frustraciones y cancelaciones.

Uno de los errores más frecuentes que veo en agentes nuevos es mostrar propiedades sin antes haber aclarado con el cliente cuál es el pago mensual que realmente puede asumir. Esto no es solo una cuestión de presupuesto: es una manera de respetar su tranquilidad financiera y evitar que se sientan abrumados. He visto a muchos compradores ilusionarse con una casa espectacular, pero al calcular la hipoteca y otros gastos, se dan cuenta de que no es viable. En esos casos, las emociones se mezclan con la frustración y el expediente se complica.

Hablar de dinero desde el inicio no es incómodo, sino profesional. Pregunta de manera clara: «¿Cuál sería un pago mensual con el que te sentirías completamente cómodo?» y toma nota de su respuesta.

Con esta información, filtras propiedades de inmediato y evitas perder tiempo mostrando opciones que nunca podrán comprar. Además, educas al cliente sobre la relación entre precio, enganche y mensualidad, fortaleciendo su confianza en ti como profesional.

La enseñanza

Conocer el límite de pago mensual de tu cliente protege tanto su inversión como tu tiempo y energía. Te permite enfocar esfuerzos en propiedades realmente alcanzables y evita decepciones. Ser honesto y directo sobre dinero desde el principio genera seguridad, confianza y acelera el proceso de cierre.

Al final, un cliente que se siente comprendido y respetado es un cliente satisfecho y fiel, listo para tomar decisiones inteligentes.

6. NUNCA TRABAJES CON PRESTAMISTAS QUE NO QUIERAN ASUMIR RESPONSABILIDADES

La comunicación y la confiabilidad del prestamista son esenciales para cerrar transacciones sin contratiempos y en bienes raíces, cada detalle cuenta, por ello depender de un prestamista poco confiable puede arruinar incluso la operación mejor planeada.

He visto casos en los que un comprador estaba listo para cerrar, los contratos estaban firmados, y de repente, el prestamista desaparece: llamadas sin respuesta, correos sin contestar, información crucial que no llega a tiempo.

Esto genera estrés innecesario, retrasa cierres y, en el peor de los casos, hace que el cliente pierda confianza en todo el proceso.

Trabajar con prestamistas responsables no es opcional, es una regla de oro. Antes de recomendar a alguien, verifica referencias, confirma su disponibilidad y asegúrate de que estén dispuestos a asumir problemas si algo sale mal.

Un prestamista confiable actúa de manera proactiva, responde de inmediato a preguntas y mantiene al cliente y al agente informados en todo momento.

Si no cumplen, no hay negociación que valga: intenta cerrar la transacción actual, pero jamás vuelvas a trabajar con ellos. Tu reputación depende de que cada paso del proceso sea profesional y seguro.

La enseñanza

Elegir prestamistas confiables protege tu tiempo, la confianza de tus clientes y la integridad de la transacción. No te arriesgues a trabajar con alguien que no asume responsabilidad: un solo error puede costarte meses de esfuerzo y la relación con un cliente. Rodéate de profesionales comprometidos, que respondan, solucionen problemas y respalden tu trabajo. Así, cada cierre se convierte en una experiencia positiva, fortaleciendo tu reputación y credibilidad en el negocio inmobiliario.

7. NUNCA DISCUTAS CON LOS PRESTAMISTAS

Recuerda que tu imagen profesional es clave para mantener colaboraciones a largo plazo, y en esta profesión los problemas surgen constantemente, pero es la manera en que los enfrentas lo que define tu reputación.

Discutir con prestamistas o confrontarlos de manera agresiva no solo genera conflictos innecesarios, sino que puede cerrar puertas a futuras oportunidades.

La experiencia me ha enseñado que **enfrentar los problemas de inmediato es la mejor estrategia**. Muchos agentes evitan hacerlo por temor, desinformación o simple incomodidad, pero posponer solo convierte pequeños inconvenientes en crisis mayores. Cuando resuelves los pendientes al momento, reduces el estrés, proteges tu tiempo y mantienes tu reputación intacta. Literalmente, al atender los asuntos sin retrasos, tu vida profesional fluye con más ligereza y sin cargas innecesarias.

Por ejemplo, la estrategia que me ha dado resultados significativos durante todos estos años es muy simple: escribo todos los pendientes del día y les doy seguimiento uno por uno hasta resolverlos. No dejo ninguno inconcluso.

Otro asunto de bastante importancia es la comunicación inmediata. Nunca dejes pendientes. Comunícate con el prestamista, entiende la situación, ofrece alternativas y mantén al cliente informado. Una respuesta rápida apaga el fuego antes de que se convierta en incendio. La claridad, la paciencia y el respeto son tus mejores aliados. Recuerda: resolver problemas con profesionalismo fortalece tu credibilidad, mantiene relaciones sólidas y garantiza que cada cierre sea una experiencia positiva tanto para ti como para tus clientes.

La enseñanza

Tu imagen profesional es tu carta de presentación en cada transacción. Nunca permitas que un conflicto con un prestamista afecte tu reputación ni el flujo del negocio. Mantén la calma, actúa con rapidez y comunica con claridad: cada problema resuelto de manera profesional refuerza tu autoridad y confianza en el mercado inmobiliario.

8. NUNCA LLEGUES TARDE A UNA CITA

La puntualidad refleja respeto y profesionalismo no solo en una profesión sino en la vida misma.

En bienes raíces, cada minuto cuenta. Llegar tarde a una cita con un cliente, un colega o un prestamista no solo afecta tu imagen, sino que puede poner en riesgo oportunidades importantes.

La puntualidad demuestra disciplina, respeto por el tiempo de los demás y compromiso con tu trabajo. Un agente confiable es un agente respetado, y la percepción que los clientes tienen de ti se forma desde el primer encuentro.

El valor de la puntualidad es incalculable. Cuando llegas a tiempo, transmites seguridad y confianza. Cada reunión, cada visita a una propiedad y cada firma de contrato son momentos críticos donde tu actitud profesional se refleja. Por el contrario, un retraso, aunque sea pequeño, puede generar desconfianza y tensión, y muchas veces la primera impresión es la que queda.

La enseñanza

La puntualidad no es solo llegar a tiempo, es ser responsable, organizado y confiable. Planifica con antelación, anticipa posibles imprevistos y establece recordatorios para nunca fallar. Respetar el tiempo de tus clientes y colegas es una forma de respetarte a ti mismo. Recuerda: un agente puntual no solo cumple con su agenda, sino que también gana credibilidad, clientes satisfechos y oportunidades que se traducen en éxito duradero en el negocio inmobiliario.

9. NO AGENDES DEMASIADAS CITAS DE MUESTRA DE CASAS EN UN MISMO DÍA

Aquí aplica el dicho de que es mejor la calidad que la cantidad. Yo prefiero mostrar casas a un máximo de tres clientes por día para estar fresco y atento a sus necesidades.

Tu energía y concentración son recursos clave. Mostrar demasiadas propiedades en un solo día puede llevar a la fatiga, distracciones y pérdida de detalles importantes que pueden marcar la diferencia entre cerrar una venta o perderla.

Cada cliente merece tu atención completa, tu escucha activa y tu capacidad de responder con precisión a sus dudas y necesidades.

Al limitar las citas a un número manejable, puedes preparar cada visita con anticipación, estudiar la propiedad, conocer los aspectos legales y financieros relevantes y personalizar la experiencia según el perfil del comprador. Esto no solo demuestra profesionalismo, sino que genera confianza y fortalece tu reputación.

La enseñanza

Recuerda: un agente descansado y concentrado transmite seguridad y autoridad. Prioriza la calidad de tus interacciones por encima de la cantidad de casas que muestras. Este enfoque te permitirá brindar un servicio memorable, aumentar la probabilidad de cierres exitosos y mantener una carrera sostenible y duradera en el negocio inmobiliario.

10. NO QUIERAS HACERLO TODO POR TI MISMO

Es fácil caer en la trampa de querer manejar cada detalle personalmente: publicidad, llamadas, correos, citas, contratos, seguimientos... la lista es interminable. Sin embargo, esta sobrecarga no solo disminuye tu productividad, sino que también afecta tu capacidad para enfocarte en lo que realmente genera ingresos: cerrar ventas y construir relaciones sólidas con clientes.

Si tienes más de 30 transacciones al año, considera contratar a un asistente; la inversión será altamente redituable.

Debes aprender a delegar con inteligencia. Un asistente bien capacitado puede encargarse de tareas administrativas, coordinar agendas, preparar documentos y mantener la comunicación constante con clientes y prestamistas.

Esto te libera tiempo para enfocarte en la estrategia, en visitas importantes y en la negociación. La inversión en apoyo profesional se traduce en más cierres, mejor servicio y menos estrés.

La enseñanza

Aceptar ayuda no es un signo de debilidad, sino de profesionalismo y visión estratégica. Aprender a delegar te permite crecer, mantener la calidad del servicio y sostener un ritmo de trabajo saludable, asegurando que cada transacción sea manejada con precisión y atención.

11. NO PUEDES PERMITIRTE NO TENER UN HORARIO PARA TRABAJAR

Es indispensable tener un sistema. Crea una rutina. Por ejemplo: mi jornada de oficina es de diez de la mañana a seis de la tarde. Esto no significa que no responda o haga llamadas antes, pero mi enfoque inicia a esa hora, con intención y estructura.

La disciplina en tu rutina diaria es un factor clave que diferencia a un agente promedio de uno altamente exitoso.

Si no estableces un inicio definido para tu jornada, corres el riesgo de que tu día se disperse entre tareas urgentes, interrupciones y distracciones, dejando de lado lo verdaderamente importante: prospectar clientes, atender transacciones activas y generar resultados.

Comenzar a una hora fija te ayuda a organizar tus prioridades, a mantener un flujo constante de trabajo y a entrenar a tu mente para entrar en modo productivo. Incluso si haces llamadas o revisas correos antes, tu enfoque principal debe empezar en el horario definido, con un plan claro de lo que quieres lograr ese día.

La constancia construye hábitos, y los hábitos generan éxito sostenido.

La enseñanza

Tener un horario definido no es limitante; es liberador. Te permite anticiparte a los desafíos, mantener la energía y ofrecer un servicio profesional consistente. La estructura es tu aliada para trabajar con intención y lograr resultados superiores.

12. NO PUEDES ESPERAR TENER ÉXITO SIN UN PLAN BIEN DEFINIDO

Debes establecer metas diarias, semanales, mensuales y anuales. El éxito no ocurre por accidente; se planifica.

Muchos agentes se frustran porque esperan que las ventas lleguen por sí solas, confiando únicamente en la suerte o en la demanda del mercado. La realidad es que el éxito en bienes raíces es resultado de un plan estratégico y consistente.

Al definir metas claras y medibles, sabes exactamente qué acciones debes tomar cada día para acercarte a tus objetivos anuales. Cada llamada, cada cita y cada seguimiento tiene un propósito dentro de ese plan.

Parte de mi estrategia consiste en dividir el año en trimestres. Esto me permite establecer metas claras y medibles para cada periodo de tres meses. De esa manera, no solo trabajo con un objetivo anual, sino que lo fragmento en pasos alcanzables y con un control más cercano de mis resultados.

Durante los trimestres más fuertes incremento mi inversión en publicidad, incluso duplicándola. La razón es simple: aprovechar al máximo los meses de mayor movimiento del mercado para generar un colchón de resultados y mantener un flujo constante de clientes.

Con esta dinámica logro que el último trimestre, que normalmente es considerado el más lento, también sea productivo. Así, aunque el mercado se enfríe, mi negocio sigue generando ventas gracias al impulso acumulado y al trabajo previo. Esto me permite cumplir no solo con las metas trimestrales, sino también con el objetivo anual que me propongo.

La importancia de la planificación es crucial. Un plan sólido no solo te mantiene enfocado, sino que te ayuda a priorizar actividades, optimizar tiempo y recursos, y medir tu progreso. Las metas diarias y semanales te permiten ajustar tu estrategia antes de que los problemas se conviertan en obstáculos mayores. Como señalé antes, el éxito sostenido nunca es casualidad; es consecuencia de disciplina y previsión.

La enseñanza

Planificar tu negocio inmobiliario con claridad y detalle transforma la incertidumbre en dirección y la intención en acción. Tu agenda deja de ser reactiva y se convierte en la herramienta más poderosa para alcanzar resultados extraordinarios.

13. NO ESPERES OBTENER RESULTADOS DE ÉLITE SI NO ESTÁS DISPUESTO A PAGAR EL PRECIO

El éxito requiere esfuerzo, disciplina y dedicación total. Es como una pareja muy demandante.

Estephanie fue una agente que tuve la fortuna de tener en mi equipo. Tenía 19 años cuando comenzó a trabajar conmigo y, en muy poco tiempo, se convirtió en una top producer. Su tenacidad la definía. Era tan capaz que podía estar haciendo sus compras personales o arreglándose el cabello en el salón de belleza y, al mismo tiempo, estar presentando ofertas por las casas que se mostraban.

Emily, otra de mis agentes top producer, me llamó una noche a las 9:45. No recuerdo exactamente qué pregunta me hizo, pero sí recuerdo que le dije:

—¿Vienes manejando?

—Sí —me respondió con toda naturalidad—, vengo de mostrar casas.

—¿¡A esta hora!? —le dije sorprendido.

—Sí, claro, es muy normal —me contestó con total tranquilidad.

Ahí entendí algo fundamental: el éxito no llega por casualidad. Aunque esta persona tenía un trabajo de tiempo completo, ganaba más de 125 mil dólares al año solo en bienes raíces, trabajando esa segunda actividad como si fuera su trabajo principal.

Esa dedicación, esa disciplina y esa voluntad de ir más allá del horario tradicional, fue lo que la convirtió en top producer. No fue casualidad sino esfuerzo.

La enseñanza

Si deseas alcanzar resultados extraordinarios, debes estar dispuesto a hacer lo que otros no harán, a invertir tiempo, energía y enfoque donde muchos se detendrían. El éxito real no llega por azar; llega a quienes pagan el precio con constancia, compromiso y pasión por su trabajo.

14. NO VENDAS UNA CASA QUE TÚ NO COMPRARÍAS SOLO POR LA COMISIÓN

Nunca olvides que tu credibilidad y reputación valen más que cualquier comisión inmediata.

Más que una anécdota puntual, este principio ha definido mi carrera: nunca vendas una propiedad solo por generar ingresos rápidos.

He aprendido que, si tú no estarías dispuesto a comprar esa casa, algo en ella no está bien. Tal vez la ubicación no es la adecuada, la construcción tiene detalles cuestionables o simplemente no cumple con los estándares que tú consideras aceptables.

Recuerda: una venta no se trata solo de cerrar un trato, sino de generar confianza y satisfacción. Nunca empujes al cliente, nunca lo presiones. Cada comprador merece tiempo para evaluar, decidir y sentirse seguro de su inversión. Con ese enfoque, no solo garantizas la satisfacción del cliente, sino que proteges tu reputación y fomentas negocios recurrentes y recomendaciones futuras.

La enseñanza

Tu integridad es tu mejor carta de presentación. Si adoptas este principio, tu éxito no dependerá solo de cerrar ventas, sino de construir relaciones sólidas, duraderas y basadas en confianza. Y al final, eso vale mucho más que cualquier comisión inmediata.

15. NO PIENSES QUE TUS CLIENTES TE PERTENECEN

Tu trabajo y dedicación son clave, pero la lealtad del cliente se trabaja y se gana cada día. Es fundamental entender que, aunque hagas todo correctamente, un cliente siempre tiene la libertad de decidir con quién trabajar. Esto no significa que tu esfuerzo no valga; al contrario, significa que debes trabajar con excelencia en cada detalle: responder rápido, anticipar sus necesidades, ofrecer la mejor asesoría y acompañarlos en todo el proceso.

He visto agentes frustrarse porque un cliente decide irse con otro colega. Lo primero es mantener la calma y la profesionalidad. Aun si el cliente se va, no se trata de resentimiento, sino de aprendizaje y preparación para el siguiente.

Diles con respeto: «Que Dios te bendiga» y sigue adelante, enfocándote en ser aún mejor para tu próximo cliente. La constancia, la ética y la dedicación siempre regresan en forma de oportunidades.

La enseñanza

El cliente nunca te pertenece, pero tu esfuerzo sí. Da siempre la milla extra, mantente profesional y enfocado, y verás cómo tu reputación y tu cartera crecen de manera sostenida.

Cada cliente perdido no debe ser una tragedia sino una oportunidad para mejorar y atraer al siguiente.

16. ¡NO MANDES UNA OFERTA SOLO POR CORREO ELECTRÓNICO!

La comunicación directa es básica, y puede marcar la diferencia entre ganar o perder una propiedad.

Enviar una oferta únicamente por correo electrónico es como enviar un mensaje al vacío. Nunca sabes si el otro agente la vio a tiempo, si la abrió o si quedó atrapada en la bandeja de spam.

Por eso, es crucial hacer un seguimiento directo: llama, presenta tu oferta, y si no contesta, envía un mensaje de texto. Esta acción muestra profesionalismo, interés real y disposición para colaborar, además de crear una relación de trabajo más cercana con el otro agente, lo que puede abrir puertas en transacciones futuras.

En situaciones con múltiples ofertas, la rapidez y la conexión personal pueden ser decisivas.

He visto casos donde la mejor oferta llegó tarde porque alguien confió solo en el correo electrónico. Un simple gesto extra, como una llamada o un mensaje, puede cambiar totalmente el resultado y fortalecer tu reputación.

La enseñanza

No dependas únicamente de medios electrónicos. Ser proactivo, comunicativo y humano en tus interacciones genera confianza, aumenta tus oportunidades de éxito y te distingue como un profesional confiable y comprometido.

Cada llamada puede ser la diferencia entre cerrar la venta o quedarte fuera.

17. NO BASTA CON ENVIAR LA OFERTA POR CORREO, HACER UNA LLAMADA Y ENVIAR UN TEXTO.

Haz que tu oferta sea imbatible involucrando a todos los actores clave.

Para fortalecer realmente una oferta, debes asegurarte de que cada detalle esté respaldado. No te quedes solo en el correo electrónico o en la llamada; involucra al prestamista de tu cliente.

Pídele que contacte directamente al agente del vendedor para confirmar la solidez del financiamiento y demostrar que todo está listo para cerrar. Esta coordinación transmite confianza, seriedad y compromiso, lo que hace que tu oferta se vea más profesional frente al vendedor.

He visto cómo ofertas similares compiten en precio, pero la que tiene respaldo y comunicación directa con el prestamista sobresale.

A veces, una llamada estratégica del prestamista puede ser el factor que incline la balanza a tu favor, asegurando que la transacción avance sin contratiempos.

La enseñanza

No te conformes con lo básico. La excelencia en bienes raíces implica mover todos los hilos necesarios para que tu cliente tenga la mejor oportunidad. Una oferta fuerte no solo es buena en números, sino que demuestra seguridad, preparación y coordinación profesional. Cada paso extra que das multiplica las posibilidades de éxito.

18. NO DEJES DE SER CONSTANTE EN REDES SOCIALES.

La constancia es clave para construir tu marca personal y tu reputación profesional.

En bienes raíces, tu presencia digital es tan importante como tu reputación en el mundo físico.

Publicar regularmente en redes sociales, aunque sean solo publicaciones breves, te mantiene visible frente a clientes potenciales, colegas y otros agentes.

Si puedes, haz al menos tres publicaciones al día: comparte propiedades, consejos de inversión, logros de tu equipo o información útil del mercado.

La clave no es solo publicar, sino hacerlo con propósito y coherencia, mostrando tu conocimiento y profesionalismo.

Con el tiempo, esta constancia genera confianza. Los clientes empiezan a reconocerte, asociándote con seriedad, disciplina y resultados.

He visto cómo agentes que descuidan sus redes pierden oportunidades frente a colegas más activos y estratégicos. Por otro lado, quienes se mantienen presentes logran un flujo constante de prospectos y referencias, muchas veces sin gastar un solo dólar en publicidad.

La enseñanza

Tu visibilidad no se improvisa; se construye día a día. Cada publicación cuenta y contribuye a que tu nombre se convierta en sinónimo de confiabilidad y profesionalismo.

No subestimes el poder de estar presente: la constancia es un activo que puede abrir más puertas que cualquier campaña de ventas.

19. NO OLVIDES PEDIR UNA RESEÑA O TESTIMONIO SOBRE EL SERVICIO QUE OFRECISTE.

El feedback de tus clientes es oro puro para tu reputación y para atraer nuevos negocios.

El mejor momento para pedir una reseña es el día de la firma, cuando la emoción y la satisfacción del cliente están en su punto máximo.

Aprovecha ese instante para explicar brevemente cómo su testimonio ayudará a otros a confiar en tu trabajo y a tu equipo a seguir ofreciendo un servicio de excelencia.

Una reseña positiva bien redactada puede ser compartida en tus redes sociales, página web y materiales de marketing, generando credibilidad instantánea.

Siempre debes aclararle al cliente que pretendes usar su nombre y su texto, quizá hasta su foto en la reseña, para que él lo autorice expresamente.

He visto agentes que pierden la oportunidad de pedir una reseña y luego se arrepienten: el cliente ya se va, y la probabilidad de recibir un testimonio sincero disminuye. Además, cada reseña construye tu historial de confianza y refleja tu profesionalismo, mostrando que no solo cierras ventas, sino que acompañas al cliente en todo el proceso.

La enseñanza

No subestimes el poder de una recomendación. Cada reseña es un activo que trabaja para ti incluso cuando no estás frente al cliente. Pedir testimonios no es solo una formalidad, es una estrategia de crecimiento que fortalece tu marca y te abre puertas a futuros negocios.

20. NO OLVIDES ENTREGAR TUS TARJETAS DE PRESENTACIÓN A TUS CLIENTES EN EL MOMENTO DE LA FIRMA.

Tu red de contactos es tu activo más valioso; cada cliente puede convertirse en un generador de nuevas oportunidades.

El día de la firma es un momento clave: el cliente ya confía en ti, está satisfecho y motivado por la experiencia que vivió durante la compra o venta de su propiedad. Aprovecha esta emoción para entregarle tus tarjetas de presentación y explicarle con cordialidad que, si conoce a alguien que necesite tus servicios, estarás encantado de ayudar. Una conversación breve y genuina puede motivarlo a referirte a familiares, amigos, compañeros de trabajo o vecinos.

Recuerda que muchas veces las oportunidades más importantes no llegan por publicidad pagada, sino por recomendaciones personales.

Si entregas tus tarjetas en el momento justo, cuando la experiencia está fresca en la mente del cliente, aumentas exponencialmente la probabilidad de obtener nuevas referencias.

Además, esto refuerza tu profesionalismo y demuestra que estás comprometido con ofrecer un servicio de calidad, incluso después de cerrar la transacción.

Ya he contado la importancia de repartir tarjetas a todo mundo, sin discriminar, a veces quien menos esperas puede ser un buen cliente o conocer a alguien que necesita tu tarjeta.

La enseñanza

Nunca subestimes el poder de una tarjeta de presentación entregada con intención. Cada recomendación que nace de un cliente satisfecho es un paso más hacia la construcción de una reputación sólida y un negocio inmobiliario sostenible y en crecimiento. Cultivar relaciones y mantener tu presencia en la mente de tus clientes es la clave para generar oportunidades constantes.

REFLEXIÓN FINAL

El negocio de bienes raíces no es un trabajo de horario fijo; es una pasión que debe vivir en tu corazón y en tu mente. Este negocio es tu vida, y tu entrega define tu éxito.

Pero recuerda: la vida también requiere equilibrio. Aprendí a priorizar a mi madre en sus últimos días, y no me arrepiento. Hay cosas que el dinero no puede comprar, momentos que valen más que cualquier comisión.

Trabajo con intensidad, siete días a la semana, pero cuando siento que necesito recargarme, me tomo los días que necesito: tres, cuatro o cinco. Ese equilibrio me permite regresar con energía renovada y con la mejor versión de mí mismo para mis clientes.

La razón de este libro es clara: quiero inspirar a jóvenes agentes y soñadores. No importa de dónde vengas; lo que realmente cuenta es lo que llevas en tu corazón. Sal, busca tus metas, trabaja con disciplina y lucha hasta alcanzarlas. Cada esfuerzo te acerca un paso más a tu sueño.

Soy Raúl Sánchez, tu realtor en todo Minnesota. Que Dios te bendiga y te guíe en cada paso de tu camino.

— CAPÍTULO 11—

LOS 10 PILARES DEL NIÑO AL FILO DEL SILLÓN

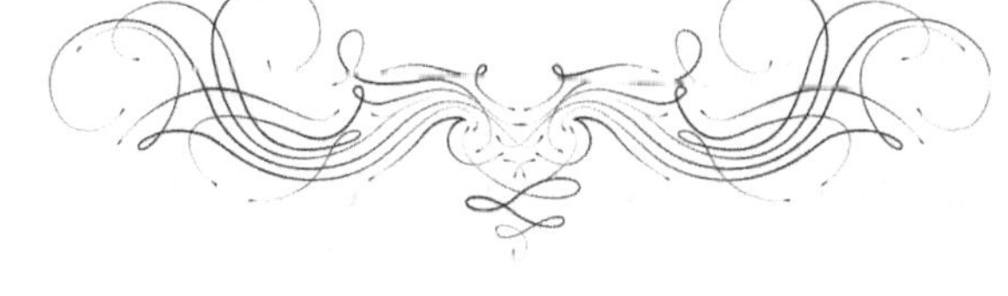

Estas no son leyes escritas ni reglas grabadas en piedra. Son las verdades que me forjaron, los pensamientos que me acompañan todos los días y que me han guiado tanto en mi vida como en mi carrera y forman la columna vertebral de mi aprendizaje.

Comparto este mensaje para quienes deseen aprovecharlo, y espero lo hagan con la certeza de que es lo más valioso que tengo, el conocimiento, la experiencia, algo que me ha costado mucho esfuerzo, muchos años y también mucho sufrimiento, pero aquí se los entrego de todo corazón.

EL PRIMER PENSAMIENTO QUE ME LEVANTA POR LAS MAÑANAS

Tengo una situación muy peculiar: al despertar, siento una energía desbordante, casi como si la adrenalina me impulsara con una poderosa fuerza desde dentro de mi ser.

Es una euforia difícil de describir, un regalo que la vida me da cada mañana y me pone en movimiento. No sé si a todos les sucede, pero para mí es una bendición, porque me permite empezar el día con entusiasmo y aprovecharlo al máximo, como empezar con la pila al 100 por ciento.

Hubo un tiempo en el que me despertaba a las tres de la mañana y me mantenía así durante un par de horas. Al principio no entendía por qué, pero pronto descubrí que ese tiempo era un espacio de aprendizaje.

En lugar de desperdiciar mi tiempo, me sumergí en podcasts y videos sobre neuromarketing. Quería comprender cómo los sentimientos influyen en la manera en que decidimos, y cómo esa conexión emocional podía transformar el mundo de las ventas.

Así fue como ese insomnio lo convertí en aprendizaje, el cual marcó un antes y un después en mi carrera como realtor.

Con los años entendí que no se trata de vender casas, sino de conectar con las personas. No es manipulación, ni mucho menos un truco. Se trata de autenticidad. De hablarle a la gente desde la verdad, pero también desde la emoción. Porque una casa no es solo ladrillos, techos o pies o metros cuadrados; es el lugar donde una familia sueña, crece y construye recuerdos.

En este momento que escribo este capítulo estoy acompañando a un matrimonio en el proceso de compra de su nuevo hogar. Y más allá de hablar de precios o trámites, los invito a soñar conmigo: a imaginar a sus hijos corriendo libres en un terreno amplio, a despertar con un amanecer filtrándose por una puerta corrediza de cristal, a sentir la comodidad de una casa más grande, más moderna, más bonita.

Ese ejercicio de imaginar no solo genera entusiasmo; les permite ver que están comprando mucho más que una propiedad: están comprando un estilo de vida.

También me gusta dar ideas que transformen espacios. A este matrimonio, por ejemplo, les sugerí algo con mucho respeto: tirar la pared que separa la sala de la cocina y colocar una estufa tipo isla, con una campana flotante en el centro. Les pedí que imaginaran cómo se vería ese espacio abierto, cómo cambiaría la dinámica familiar y la forma en que recibirían visitas. Muchas veces esas sugerencias se convierten en realidad, y lo agradecen porque descubren posibilidades que no habían visto.

En otras ocasiones, cuando alguien necesita más recámaras, los llevo al sótano y les explico cómo convertirlo en habitaciones legales, con una ventana de emergencia, clóset y puerta. Les hablo de costos, permisos, requisitos. Pero lo más importante no es el dato técnico, sino mostrarles cómo cada decisión puede dar mayor valor a su inversión, cómo pensar en el futuro desde hoy.

Ese ha sido siempre mi compromiso: ser real, hablar con claridad y ofrecer un valor extra. Porque no se trata de cerrar ventas, se trata de ayudar a las personas a tomar decisiones inteligentes. Para mí, vender una casa es acompañar a alguien a ver lo invisible: el espacio donde sus hijos crecerán, donde celebrarán logros, donde encontrarán paz al final de un día difícil.

Y creo que ahí radica el verdadero éxito: no en acumular transacciones, sino en construir confianza. Porque cuando uno actúa desde la autenticidad y con la intención genuina de servir, los resultados llegan por sí solos.

LA VERDAD QUE APRENDÍ DESDE NIÑO Y NUNCA HE SOLTADO

Si hay una enseñanza que marcó mi vida desde muy pequeño, fue una que escuché en la Biblia y que con los años entendí en lo profundo.

Cuando a Jesús le preguntaron si era necesario seguir cumpliendo los doce mandamientos del Antiguo Testamento, Él respondió con algo tan simple como poderoso: «Te lo voy a resumir en dos mandamientos: Amarás a Dios sobre todas las cosas y a tu prójimo como a ti mismo».

Esa frase lo encierra todo. Si amas y respetas a tu prójimo como a ti mismo, no hay espacio para hacer daño. Esa verdad me ha acompañado en cada etapa de mi vida. He llegado a pensar muchas veces que el cielo y el infierno no están en un lugar lejano, sino aquí mismo, en esta tierra.

Todo lo que haces se multiplica y regresa: el mal se devuelve en dolor y tropiezos, y el bien regresa en bendiciones y abundancia. Tal vez no sea la misma persona quien te lo recompense, pero tarde o temprano, la vida te lo devuelve... y lo hace con fuerza, con intensidad, con generosidad.

Otra verdad que llevo grabada es la que dice: «Honra a tu padre y a tu madre para que tus días se alarguen sobre la tierra».

Yo creo profundamente en ello. Honrar no es solo con palabras, también es con hechos. Económicamente, si tienes la bendición de tener a tus padres contigo, apóyalos, bendícelos, comparte con ellos parte de lo que recibes. No importa la cantidad, importa el corazón con el que lo haces.

Desde que tenía unos 12 años, recuerdo que siempre le daba dinero a mi mamá. Era poco, pero lo hacía con amor. Y con el tiempo descubrí algo impresionante: cuanto más la bendecía, más me bendecía Dios a mí.

A veces probaba darle un poco más, y de manera inexplicable, mi negocio prosperaba más. Fue como un círculo virtuoso: sembraba con mis padres y cosechaba en mi vida.

Así fui creciendo, y hasta hoy sigo convencido de que esa ley espiritual nunca falla.

Por eso quiero regalarte esta reflexión. Te hablo desde mi experiencia y desde lo más íntimo de mi corazón: bendice a tus padres en todos los sentidos. Si puedes hacerlo también económicamente, hazlo sin miedo, aunque tu salario sea poco. No subestimes el poder de ese acto.

Lo que entregues, el universo, la vida y Dios te lo multiplicarán de formas que no imaginas.

Hoy quiero invitarte a intentarlo. Haz la prueba. Da un paso de fe. Porque si algo he aprendido, es que la verdadera prosperidad empieza en la gratitud y en el honor a quienes nos dieron la vida.

EL VALOR QUE ME HA SOSTENIDO EN MIS PEORES MOMENTOS

Si hay algo que me ha sostenido cuando sentía que el suelo se abría bajo mis pies, ha sido el valor de la palabra.

Pero antes de contarte cómo me aferré a esa verdad, quiero hablarte de alguien muy especial: mi hermana Leticia.

Cuando tenía 20 años, atravesaba una soledad profunda, un vacío que parecía imposible de llenar. En esos días oscuros, siempre buscaba a Leticia, y ella oraba por mí. Su fe, sus palabras y su presencia fueron como un faro en medio de la tormenta.

A veces no era lo que me decía, sino el simple hecho de saber que estaba allí, cubriéndome en oración. Esa certeza me dio fuerza para seguir adelante.

Más tarde, cuando llegó la recesión y mi mundo se tambaleó por completo, lo que realmente me sostuvo fue una enseñanza de mi padre.

Algo que no solo aprendí yo, sino también mis hermanos: **tener palabra.**

Puede sonar sencillo, pero encierra un poder enorme. Tener palabra es cumplir lo que dijiste, aunque ya no te convenga, aunque duela, aunque el cálculo te haya salido mal.

Es mirar a los ojos a las personas, al mundo, y saber que tu sí es sí y tu no es no.

Esa práctica forja carácter. Te obliga a crecer.

En esta vida hay quienes reciben respeto porque tienen dinero, pero ese respeto es tan frágil como un castillo de arena. El día que se acaba el dinero, también se acaba la admiración.

Pero quien se ha ganado el respeto por ser íntegro, por cumplir con su palabra, ese jamás lo pierde, porque no depende de un billete, sino de su esencia. Esa persona siempre será reconocida, sin importar su estatus o su bolsillo.

Yo lo comprobé en carne propia.

En la crisis económica lo perdí todo, absolutamente todo.

Después de casi una década construyendo mi negocio, me vi obligado a regresar a México con las manos vacías. Fueron tres años muy duros allá, y cuando volví a Estados Unidos lo hice literalmente desde cero.

Sin embargo, gracias a los valores que mi padre sembró en mí —la rectitud, la verdad y la palabra— pude experimentar la gracia de Dios de una manera impresionante.

Esa gracia llegó en forma de amigos, de personas que me abrieron puertas, de manos extendidas en los momentos más críticos.

¿Sabes por qué? Porque me habían visto cumplir, porque sabían que podían confiar en mí. Y así, paso a paso, regresé al camino. Lo que parecía el final resultó ser un nuevo comienzo.

Y lo más increíble es que del 2014 al 2025 no solo recuperé lo perdido, sino que Dios me permitió multiplicarlo por tres.

Por eso hoy te digo: no hay contrato más grande en esta vida que tu palabra. Ni el papel más sellado, ni la firma más elegante tienen el peso que tiene el honor de cumplir lo que dijiste.

Enséñale eso a tus clientes, a tu equipo, a tus hijos. No porque firmes un contrato significa que vas a cumplir, pero si tu palabra tiene valor, no necesitarás más garantía que tu voz.

Una persona que cuida su imagen, que protege su integridad y que honra su palabra, vale más que el oro. Vale más que cualquier contrato. Y lo más importante: vive en paz consigo misma, porque sabe que cada promesa cumplida es un cimiento sólido que sostiene su vida, aun en los peores momentos.

LA INTEGRIDAD Y CÓMO LA VIVO EN EL DÍA A DÍA

Para mí, la integridad es una de las virtudes más profundas que puede tener un ser humano. Es reconocer la dignidad que llevamos dentro y aprender a poner límites claros. La integridad no es solo un concepto bonito o una palabra elegante; es la brújula que te dice hasta dónde permitir, hasta dónde ceder, y el momento exacto en que tienes que decir: «hasta aquí».

Ser íntegro es saber lo que vales y no dejar que nadie, absolutamente nadie, pase por encima de eso.

Me gusta mucho una frase que lo resume todo: «Nadie que atente contra tu felicidad, tu vida o tu dinero, puede ser tu amigo».

Es contundente, es clara, y la tomo como regla de vida. Por eso, si soy honesto, puedo decir que cuento con muy pocos amigos, pero los que tengo valen más que cualquier tesoro.

En el mundo de los negocios, este principio se vuelve aún más importante.

He visto a muchos agentes perder su dignidad por una comisión, como si se vendieran al mejor postor.

Eso no va conmigo, yo lo tengo claro: no eres una prostituta que se vende, eres un profesional, eres un ser humano con valor propio. Y si no cuidas tu integridad, terminas perdiendo lo más importante: el respeto por ti mismo.

Te voy a contar un par de ejemplos que me marcaron.

Una vez, una clienta con una actitud prepotente le dijo a una de mis agentes una frase ofensiva: «Ustedes quieren el coche y también quieren el embutido», insinuando que éramos ambiciosos y que solo pensábamos en dinero.

No fue un comentario aislado; repetidamente trataba a mi equipo con groserías y desprecio.

La primera agente que la atendía me dijo: «Ya no puedo seguir con ella, pásasela a alguien más» y lo hice pero la historia se repitió: la clienta volvió a usar palabras fuertes y exigencias fuera de lugar.

En ese momento decidí intervenir personalmente.

Tomé el teléfono y, con respeto pero con firmeza, le dije: «Lo siento mucho, pero la forma en que usted le habla a mis agentes no la podemos permitir. Nosotros no trabajamos así». Y pedí cancelar el contrato. Preferí perder esa operación antes que perder la integridad de mi equipo.

En otra ocasión, una corredora de bienes raíces, de aproximadamente 47 años, hizo llorar a una de las integrantes más jóvenes de mi equipo, de apenas 22.

No recuerdo las palabras exactas, pero sí recuerdo sus lágrimas y el dolor en su rostro.

Llamé de inmediato a la responsable y le dije: «Necesito que vengas en persona y le pidas perdón a mi agente. Si no lo haces, cancelamos la transacción».

Y así fue: vino y ofreció disculpas.

Para mí, no se trataba solo de proteger una transacción, sino de defender la dignidad de una persona.

Yo no considero que actuar así sea ser grosero o radical. Para mí, es simplemente tener estándares, poner límites y dejar claro que en esta empresa nadie está por encima de nadie.

Integridad significa amarte lo suficiente para no permitir abusos. Significa reconocer tu propio valor y vivir de acuerdo a él.

Al final del día, si tú no te respetas, nadie lo hará por ti. Y si no sabes lo que vales, nadie te lo va a dar.

Por eso, para mí, la integridad no es negociable. Es mi manera de vivir, de trabajar y de relacionarme con los demás. Es la dignidad que me debo a mí mismo y la que le enseño a mi equipo a defender siempre.

ASÍ FORTALEZCO MI FE CUANDO LAS COSAS NO SALEN COMO ESPERABA

Honestamente, no es fácil. Cuando las cosas no salen como yo quiero, lo primero que hago es cambiar la forma en que las miro, modificar la perspectiva.

Muchas veces me han preguntado: «¿Qué errores has cometido en tu negocio?» Y siempre contesto lo mismo: no los veo como errores.

Por eso vivo en paz y, la mayor parte del tiempo, feliz.

Para mí, que algo no haya funcionado no significa que fue un fracaso; significa simplemente que encontré una manera en la que no se hacen las cosas.

En la vida uno tiene que darse el lujo de intentar, atreverse y también darse el lujo de aceptar que, si algo no funcionó, a veces toca decir: «Ok, no salió como esperaba; borrón y cuenta nueva».

Eso me ha dado libertad, porque en lugar de quedarme atado al pasado, empiezo otro proyecto, pruebo otra estrategia, me reinvento.

¿Cómo fortalezco mi fe en esos momentos? Creyendo firmemente que todo, absolutamente todo, ayuda para bien.

Incluso esas campañas de publicidad que parecían perfectas y al final no dieron resultado. Yo no les llamo errores; prefiero verlas como maestros que me muestran un camino equivocado para que encuentre el correcto, y eso me mantiene optimista, porque aprendí de mi padre a ser positivo hasta en las adversidades.

A veces hasta disfruto contar lo que no salió bien, porque ahí es donde se forja la resiliencia. Si todo me saliera perfecto, correría el riesgo de volverme invencible en mi mente, y sé que eso sería una trampa.

Recuerdo mucho un pasaje de Og Mandino en su libro *El vendedor más grande del mundo.* Uno de los pergaminos dice: «Cuando te sientas triste, ponte tus mejores ropas»; y parece algo simple, pero funciona.

Otro dice: «Cuando te sientas enfermo, redobla tu trabajo»; y eso lo he aplicado una y otra vez: cada vez que pierdo un cliente, que un proyecto no despega, lo que hago es llenarme de energía, producir contenido, grabar un video, moverme, y casi siempre, esa acción abre nuevas puertas.

Hay otra enseñanza que me gusta mucho: «Intenta detener el viento y verás que no puedes». Eso me recuerda que no todo está en mis manos. Que hay cosas que debo soltar, aceptar y confiar. Pero lo que sí puedo controlar es mi actitud, mi fe, la forma en que respondo ante lo que me pasa.

Es lo que algunos llaman ataraxia, la forma de enfrentar los problemas. Como el marinero que sabe que no puede detener la tormenta, pero puede ajustar las velas de su embarcación.

Por eso te digo: no hay fracasos, solo enseñanzas. No hay errores, solo caminos que te muestran cómo no hacerlo. Y cada lección tiene valor. Porque todo lo que no funciona te deja una semilla de sabiduría, que tarde o temprano germina en tu vida personal, profesional y espiritual.

Y con eso, créeme, basta para seguir adelante con fe. Solo hay que saber entender esas lecciones.

MI DEFINICIÓN PERSONAL DE ÉXITO

Cuando pienso en la palabra éxito, lo primero que me viene a la mente no son lujos, ni aplausos, ni trofeos.

Para mí, el éxito es la satisfacción profunda de haber alcanzado un resultado, de ver cómo el esfuerzo invertido, las noches sin dormir y los sacrificios personales se convierten en frutos tangibles.

El éxito no tiene una sola cara: puede ser profesional, espiritual o personal, y cada uno de esos ámbitos se entrelaza para dar sentido a lo que somos.

Si me preguntas cuál es mi definición de éxito, diría que es la suma de mis decisiones, de mi trabajo, de mis sueños y también de mis dolores.

Éxito es haber tomado, desde muy joven, la decisión más difícil de mi vida: dejar atrás a mi padre, a mi madre, a mis hermanos, mi México, mi tierra, mi comida, mi música... todo aquello que me formó como niño y adolescente.

Esa renuncia tuvo un costo altísimo, no solo económico, sino también emocional, espiritual y humano. Fue un precio que tuve que pagar para poder desarrollarme como persona y como profesional.

¿Y por qué no lo hice en México? No tengo una respuesta clara. Solo sé que aquí, en esta tierra que me recibió con retos enormes, encontré la oportunidad.

Aquí me arremangué, trabajé duro, lloré, soñé, caí y me levanté. Aquí descubrí que, aunque todo cueste, con fe y disciplina se puede salir adelante, y un día me atreví a pedirle a Dios un trabajo que me permitiera ser una bendición para otros. Y Él me lo dio.

Ese regalo divino me permitió convertirme en un puente, en un guía para que muchas familias pudieran tener un pedazo de tierra en este país de los sueños.

Mi trabajo no se ha tratado solo de vender casas: se ha tratado de cuidar, de proteger, de enseñar.

En todos estos años jamás alguien ha podido decir que le robé o le hice fraude, porque mi trabajo lo sostengo sobre un principio inquebrantable: honestidad, responsabilidad e integridad.

He visto cómo, gracias a mi profesión, pude proteger a muchos clientes de caer en manos equivocadas. No solo los ayudé a cerrar una transacción, sino que les enseñé a invertir, a descubrir cómo una propiedad puede convertirse en una bendición financiera, cómo la depreciación puede aliviar sus impuestos, cómo tener dos, tres, cuatro o más casas puede transformarlos en verdaderos inversionistas.

Y lo más hermoso: creo que les enseñé a soñar. A creer que, no importa si llegaron aquí como inmigrantes, sin hablar el idioma y con miedo, también ellos pueden construir algo grande.

Que ese lavaplatos que apenas lograba cubrir sus gastos un día puede ser dueño de su propia casa. Que si sus ingresos no alcanzaban, podía unir fuerzas con su hijo, y que veinte o veinticinco años después esa misma casa se convertiría en un retiro digno.

Para mí, ese es el verdadero éxito: ver cómo los sueños ajenos se hacen realidad, cómo las familias celebran sus logros, cómo los clientes se convierten en amigos que regresan con gratitud y con referencias.

No se trata de mí, ni de mi imagen, ni siquiera de mi pasión por esta profesión, aunque la tengo y la disfruto. Se trata de ver resultados con sentido, de vivir para servir y de saber que mi esfuerzo ayudó a cambiar la vida de alguien más.

Eso es el éxito para mí: los frutos de un trabajo hecho con amor, con pasión y con integridad. No cifras ni estatus, sino miradas agradecidas y familias completas que ahora creen que todo es posible.

EL PRINCIPIO DE VIDA QUE ME HA AYUDADO A TOMAR DECISIONES DIFÍCILES

Le agradezco a Dios haberme permitido crecer con una formación cristiana. Recuerdo que a los ocho años empecé a asistir, casi por iniciativa propia, a una iglesia cristiana.

Mi papá se había convertido en una iglesia Pentecostés de Morelos, mi tierra natal, y yo lo acompañaba porque él padecía del corazón.

Tenía miedo de que le pasara algo estando solo y de sentirme culpable después. Así que, más que por convicción, al inicio lo hacía por necesidad.

Lo curioso es que aquello que empezó como una obligación pronto se convirtió en una semilla de fe. En medio de los cultos y las lecturas, empecé a interesarme por la Biblia. Hubo un versículo que se grabó en mi corazón y nunca me ha abandonado: ***«Adolescente, goza y disfruta de los placeres que te ofrece la vida. Solo recuerda que al final de la jornada existe un juicio final»***.

Ese pasaje fue como un faro para mí. Me enseñó que, más allá de mis padres, de mis hermanos o de la gente alrededor, yo era el único responsable de mis decisiones.

Esa conciencia se formó en mí siendo apenas un niño. A los doce años ya prácticamente vivía solo, trabajando, luchando, buscando un camino distinto al que me había tocado de origen. Y cada vez que la vida me ha puesto frente a decisiones difíciles, vuelve a mí ese versículo. Antes de actuar, me pregunto: ¿esto que voy a hacer tendrá una consecuencia buena o mala? ¿Qué pasará después?

Esa reflexión, sencilla pero profunda, me ha librado de problemas y me ha guiado a elegir con responsabilidad.

No digo que haya sido perfecto, pero gracias a Dios, no he hecho nada de lo que me arrepienta profundamente. Siempre he tratado de caminar con juicio, con integridad, apoyándome en ese principio que ha sido una brújula en mi vida personal, en mi fe y también en lo profesional.

Hoy sigo creyendo en esas palabras: *«Adolescente, goza de las cosas que te ofrece la vida. Solo recuerda que al final de la jornada existe un juicio final»*.

La vida siempre nos presenta opciones, unas buenas y otras malas, al final, uno decide qué tomar.

Y en cada decisión hay una consecuencia: una recompensa... o una paga.

FRASES QUE REPITO CUANDO ESTOY BAJO PRESIÓN

He aprendido que en los momentos de mayor tensión o presión, lo más valioso no es lo que sucede afuera, sino lo que uno se dice por dentro.

En mi caso, hay una frase que siempre me acompaña: «Entre más pronto enfrente esto, más pronto va a dejar de doler, de molestar, de incomodar».

Parece sencilla, pero me ha dado la fuerza necesaria en situaciones que podrían haberme paralizado.

Cada vez que surge un problema en mi negocio o en mi vida personal, me lo repito como un recordatorio. Entre más rápido le dé la cara a la dificultad, más pronto se termina.

Si mando ese correo hoy, la ansiedad baja. Si tomo el teléfono y llamo al cliente, al prestamista o al colega con el que hay un malentendido, la tensión empieza a disiparse.

Si explico lo que está pasando en lugar de dejar que otros lo imaginen, se evita que la incertidumbre crezca.

Para mí, la clave está en atender lo difícil lo antes posible, no en sacarle la vuelta, porque lo que no se atiende tiende a multiplicarse.

Cuando actúas rápido, muchas veces el problema se disuelve antes de que cobre fuerza.

También me repito otra verdad que la experiencia me ha enseñado: en tiempos complicados, hay que dar la milla extra.

Recuerdo con claridad épocas muy duras, como cuando llegó la pandemia o cuando decisiones políticas golpearon la economía.

Muchos se quejaban, muchos decían: «las cosas están imposibles», pero yo decidí trabajar el doble.

No me quedé con la queja en la boca, sino con las manos en movimiento. Esa ha sido siempre mi manera de enfrentar la adversidad.
Una de las frases que más me marcó en este camino vino de un mentor: «Noviembre y diciembre son meses muy lentos, no inviertas en publicidad porque no vale la pena».

Yo lo respetaba, pero pensaba lo contrario: «Justo porque son meses lentos, voy a invertir el doble para mantener la producción».

Y lo hice, contra todos los consejos, y funcionó. Mientras otros apagaban sus motores, yo aceleraba. Mientras otros agentes se tomaban vacaciones, yo aprovechaba ese hueco para trabajar y vender lo que se había quedado rezagado en noviembre y diciembre.

Al final, la constancia trae frutos. Mis resultados no se daban solo en los meses fáciles, sino en los doce del año, porque yo estaba presente.

Eso me enseñó algo profundo: bajo presión, el éxito no depende solo de resistir, sino de actuar rápido, dar el extra y confiar en que ese esfuerzo abrirá un camino donde otros ven un muro.

ASÍ CONECTO MI INFANCIA CON LOS VALORES QUE HOY GUÍAN MI EMPRESA

Hay una frase muy importante para mí: «No le pidas peras al olmo». Y tiene toda la razón. Un ser humano que no ha sido formado con valores sólidos, que no ha tenido cimientos firmes, difícilmente podrá transmitirlos, reflejarlos o vivirlos en su entorno, y mucho menos en una empresa.

Hoy puedo decir con certeza que los valores que sostienen a Raúl Sánchez Group nacen de la historia de un niño pequeño, un niño al filo del sillón, que aprendió desde muy temprano lo que significa luchar, levantarse y no rendirse.

Ese niño, frágil y vulnerable, que a los ocho meses estaba listo para empezar a caminar, pero que la fiebre tifoidea detuvo casi por completo, me enseñó desde el primer año de vida que la existencia es frágil y que cada día es un regalo.

Ese niño creció enfrentando desafíos que moldearon su carácter.

Cada enfermedad superada, cada dificultad familiar, cada miedo que tuvo que vencer, me enseñó fuerza, resiliencia y la importancia de no rendirse.

Fueron esas experiencias las que comenzaron a forjar los valores que hoy guían mi vida y mi trabajo: honestidad, responsabilidad, esfuerzo, integridad y compromiso.

Cada enseñanza que recibí de mis padres, que con su ejemplo me mostraron la importancia del trabajo duro y la disciplina; también de mis hermanos, que me enseñaron la lealtad y el respeto; además de mi pastor y mentor, que me guiaron en la fe y en la visión de servir a otros, son los mismos principios que sostienen mi empresa hoy.

Son los valores que ofrecemos a nuestros clientes: hablar siempre con la verdad, pensar en ellos como si fueran parte de nuestra familia, y ayudarlos a desarrollar una mentalidad de emprendedores y de inversionistas, no solo de compradores de casas.

Mi infancia me enseñó que los retos son oportunidades disfrazadas, que cada caída es una lección y que los valores que se aprenden temprano son los que perduran toda la vida.

Por eso, en Raúl Sánchez Group, cada acción, cada decisión y cada relación con clientes y colaboradores nace de ese niño que aprendió a levantarse una y otra vez.

Creo firmemente que todas las enseñanzas que Dios me permitió recibir, desde mis primeros años hasta la adultez, son un legado que vivo y transmito a través de mi empresa. Son esos valores los que entregamos a quienes confían en nosotros, y son esos valores los que espero sigan guiando a mi equipo, a nuestros clientes y a todos aquellos que forman parte de esta historia.

MENTIRAS Y LA CONCIENCIA APAGADA

Hay algo que he aprendido a lo largo de mi vida y que quiero dejar claro, no como una regla estricta, sino como un pedazo de mi experiencia: rara vez miento.

No porque me considere perfecto, sino porque he visto de cerca cómo la mentira se convierte en un veneno silencioso, y cómo apagar la conciencia nos aleja de nosotros mismos.

Recuerdo bien lo que aprendí en la escuela para pastores, en esa clase de Psicología que tanto me marcó.

Hablábamos de la conciencia, de esa voz interior que nos guía, que nos dice cuándo algo está bien y cuándo está mal. Es una voz que al principio es clara, firme, casi imposible de ignorar; pero descubrí algo aterrador: la conciencia puede apagarse.

La primera vez que haces algo mal, la conciencia grita: «esto está mal». La segunda vez, su grito es más débil. La tercera, apenas lo escuchas. Y la cuarta... ya no hay grito, ya no hay freno.

Esa voz que te recuerda tu humanidad desaparece, y sin ella, llega el riesgo de perderte, de convertirte en alguien que vive rodeado de mentiras, de justificaciones y de medias verdades.

Por eso, cuando me enfrento a una situación difícil, decir una mentira nunca es una opción. No puedo. No quiero. Prefiero mirar la realidad a los ojos, enfrentarla y resolverla. He aprendido que la vida está llena de «pendientes»: situaciones que todavía no son un problema, pero que si las ignoras, inevitablemente lo serán.

La diferencia está en atenderlas a tiempo, en no esconderse, en no esperar que la tormenta pase sola.

No amo los problemas. Amo las soluciones. Y ese amor por la solución es lo que me ha permitido trabajar sin que el estrés me domine.

Cada situación, cada desafío, cada pendiente que surge, lo veo como un rompecabezas que se puede resolver, no como una carga imposible. Si algo tiene solución, entonces no es un problema; es una oportunidad para aprender, para crecer, para ser mejor.

Quiero que quede claro algo de todo esto: no es solo sobre negocios o trabajo. Es sobre cómo vives tu vida. Cada mentira que dices, por pequeña que parezca, es un ladrillo más que apaga tu conciencia.

Cada vez que escondes la cara, que evitas una conversación incómoda, que ignoras un correo o pospones una llamada, estás dejando que la sombra de la inacción y la falsedad se instale un poco más en ti.

Y por eso este mensaje se convierte en legado, porque he aprendido que la vida se construye en esos pequeños momentos de integridad, en esos instantes donde eliges enfrentar la realidad en lugar de disfrazarla.

Habla con la verdad, siempre. Da la cara, aunque duela. Busca la solución cuanto antes. Hazlo con paciencia, con respeto, pero hazlo.

Si alguien lee esto dentro de muchos años, quiero que sienta que no hablo solo de técnicas de trabajo o estrategias para negocios. Hablo de cómo vivir de manera que puedas mirarte al espejo sin miedo, que puedas dormir tranquilo y que tu conciencia siga viva, fuerte, recordándote quién eres y qué valoras.

Mi legado, entonces, es esto: la vida se mide no por las victorias que aparentas, sino por la verdad que sostienes.

Si la vida me permitió aprender estas lecciones a golpes, también me dio el privilegio de compartirlas con quienes vienen detrás. Ojalá cada palabra aquí escrita sea un recordatorio de que nunca es tarde para vivir con propósito, para reconciliarte con tu verdad y para defender lo que en el fondo sabes que es correcto. La grandeza no está en lo que acumulamos, sino en lo que inspiramos en otros.

Nunca subestimes la fuerza de la integridad ni el valor de enfrentar la realidad. Es ahí donde reside la verdadera libertad y donde se construyen vidas que importan, que dejan huella y que, sobre todo, no se arrepienten.

Estas enseñanzas que les comparto son mi legado.

Así que camina con firmeza, incluso cuando la ruta se oscurezca, porque la claridad está en tu interior. Haz de tu vida un testimonio vivo de lo que significa no rendirse, de lo que significa elegir la integridad, aunque cueste. Ese, al final, es el legado que vale la pena dejar: haber sido genuino, haber sido valiente, haber sido fiel a ti mismo.

— EPÍLOGO—

EL NIÑO **SIGUE** SOÑANDO

Aquellos días en el sillón eran momentos de ilusión pura. Soñaba con lograr cosas que en aquel entonces parecían imposibles. No sabía si realmente podrían suceder, pero me llenaba de emoción imaginarlo. Era un niño con un corazón lleno de fe, con ganas de más, sin entender del todo cómo funcionaba el mundo.

Cuarenta años después, sigo soñando, pero ahora con una certeza distinta: sé que los sueños no solo son posibles, sino que pueden materializarse si se les da el espacio y el cuidado necesarios. Mis sueños de entonces eran vagas imágenes en mi mente; hoy son metas con pasos claros y caminos definidos.

Creo firmemente que todo es cuestión de fe. Cuando uno cree de verdad en algo, aunque todavía no lo vea, existe una convicción profunda de que se hará realidad. Esa fe se convierte en motor y guía, y al final, actúa como una fuerza silenciosa que mueve todo a su alrededor. Después de todo lo que he vivido y alcanzado, estoy convencido de que cuando deseas algo con el corazón, cuando mantienes la fe y trabajas con intención, lo más seguro es que Dios —o el universo, como quieras llamarlo— te lo conceda en el momento exacto en que estás listo para recibirlo, cuando tu preparación interna coincide con la oportunidad externa.

Hoy, gran parte de lo que he puesto en mi mente lo he logrado. Pero mis sueños han cambiado de color. Ahora las metas profesionales y materiales existen, sí, pero las prioridades se han desplazado hacia lo esencial: mi paz mental, mi salud física y mi comunicación espiritual. Aprender a escucharme, a mi alma, a Dios y al universo se ha convertido en una tarea diaria. Es un proceso de presencia, de valorar cada logro y cada lección. Llegar a esta etapa de la vida con la conciencia de que puedo vivir plenamente, con tranquilidad y armonía, me llena de gratitud.

Claro que aún tengo metas y sueños, algunos por alcanzar, otros por redefinir. Pero lo más valioso es disfrutar el presente, sentirme en equilibrio conmigo mismo, con mi alma y mi espíritu. Hoy puedo decir, con honestidad y satisfacción, que estoy en paz conmigo mismo y con mi camino. Y aquel niño al filo del sillón sigue allí, soñando con la misma ilusión de antes... solo que ahora sabe que puede llegar aún más lejos.

Me veo en el futuro trabajando en bienes raíces, pero no solo vendiendo casas: construyendo sueños, acompañando familias en uno de los momentos más importantes de sus vidas. Me visualizo con un equipo más grande, con la misma pasión, entrega y valores que me han guiado. Me veo generando confianza, dejando huella, pero sobre todo, ayudando a transformar vidas.

También me veo sano, feliz, disfrutando los pequeños detalles, consciente de que cada paso tiene un propósito. Me veo agradecido por todo lo vivido, por los momentos buenos y por los difíciles, porque todos me han formado. Me veo soñando aún más alto, con proyectos que todavía no existen, con la certeza de que lo mejor está por venir.

Siento un orgullo profundo al mirar atrás. Aquel niño al filo del sillón, aquel joven que entre lágrimas le pidió a Dios ser bendición para mucha gente, hoy ha ayudado a más de mil familias a cumplir su sueño de tener una casa en Minnesota. Ser parte de ese sueño, ser el puente que conecta a las personas con una nueva etapa de su vida, me llena el alma. Cada esfuerzo, cada sacrificio, valió la pena. Doy gracias a Dios, a mis clientes que confiaron en mí y a ese niño que nunca dejó de creer. Él me enseñó a no rendirme, y me siento orgulloso de haber honrado sus sueños.

A ese niño le diría que no importa de dónde venga ni en qué condiciones esté: sus sueños se cumplirán. No será fácil; habrá carencias y noches difíciles, pero un día verá que todo valió la pena. Cada lágrima y cada incertidumbre fueron cimientos de su éxito. Y cuando llegue ese día, no solo será feliz él, sino que inspirará a muchos otros a creer que sí se puede. Ese niño será la prueba viva de que los sueños se cumplen, que la fe y la perseverancia tienen poder, y que todo esfuerzo sincero da frutos.

Lo que más me emociona hoy del negocio inmobiliario es la oportunidad de ayudar a más familias, de ser parte de un instante inolvidable. Nada se compara con ver la alegría en sus rostros cuando reciben las llaves de su nuevo hogar. Esa confianza que depositan en mí es el mayor tesoro. Después de tantos años, he aprendido a hacer que un proceso complejo parezca sencillo, y eso me da paz y orgullo.

El éxito, para mí, se ha vuelto un compañero. No es un punto final, sino un camino que se recorre con constancia y humildad. El éxito es ver a una familia sonreír al cumplir su sueño. Y el fracaso, por su parte, ha sido mi mejor maestro. No existen los fracasos: solo lecciones que te muestran el camino correcto. Cada tropiezo me acercó más a la persona que soy hoy.

Sigo nutriendo mi visión cada día. Nunca dejo de aprender. Escucho conferencias, veo videos, busco ideas, y siempre intento crear algo nuevo, auténtico, útil para mis clientes. Me encanta ofrecerles más que un servicio: educación, acompañamiento y herramientas reales para crecer. Esa, para mí, es la diferencia entre vender y servir.

La ambición ha sido mi impulso, pero la gratitud mi ancla. Ambicionar no es malo si se hace con límites, respeto y honestidad. Nunca he tomado un dólar que no sea mío, y esa integridad me permite dormir en paz. Soy ambicioso, sí, pero también profundamente agradecido: con Dios, con mis clientes y con mi familia. La ambición sin gratitud se convierte en ego; la gratitud sin ambición, en conformismo. El equilibrio entre ambas es lo que me mantiene centrado.

Y sigo soñando. Porque el día que deje de hacerlo, perderé la chispa que me mueve. Tengo dentro una energía, una fuerza natural que me impulsa cada mañana. Soñar me mantiene vivo, me inspira a mejorar, a innovar, a crear. Esa pasión es lo que me empuja a seguir adelante, incluso después de haber alcanzado tanto.

El niño al filo del sillón sigue soñando. Pero ahora, lo hace con los pies en la tierra, el corazón agradecido y la mirada puesta en el cielo.

CONCLUSIÓN

Concluyo con una certeza que he comprobado en carne propia: no importa de dónde vengas ni cuántos años tengas; si tienes un sueño, lucha por él. Trabaja con disciplina, sé constante y mantén la fe hasta alcanzarlo. Pero nunca pierdas de vista lo más importante: tu integridad y tu paz interior.

La vida no se mide solo por lo que logras, sino por quién eres mientras lo haces. Hay un versículo en la Biblia que siempre me ha acompañado: «*¿Qué ganaría el hombre si ganara todo el mundo, pero al final perdiera su alma?*[(Marcos 8:36)]». He visto a muchas personas alcanzar el éxito y, en el proceso, perder lo más valioso: su familia, su tiempo, su salud o incluso su sentido de vida.

Si estás persiguiendo tus sueños, hazlo con conciencia. Cuida tu corazón de la avaricia y de la ambición sin límites. Sé honesto, no robes, no mientas, no dañes a nadie en tu camino. Todo en esta vida tiene consecuencias, y el universo siempre encuentra la manera de equilibrar las cosas.

Un amigo solía decir: «Esta vida es como una tienda de abarrotes; no puedes tomar las cosas y no pagar». Y tenía razón. Cada decisión tiene su precio, y cada acto deja una huella. Que tus logros sean fruto del esfuerzo, del respeto y de la gratitud.

Al final, el verdadero éxito no se mide en cifras ni en posesiones, sino en la paz con la que duermes cada noche, en las sonrisas que has ayudado a crear y en el amor que dejas en el camino.

Que Dios te bendiga, te guíe y te dé la fuerza para soñar, luchar y perseverar.

Éxito... de corazón.

— SOBRE EL AUTOR—

RAÚL SÁNCHEZ

Raúl Sánchez es un agente inmobiliario destacado en el área de las Ciudades Gemelas (Minneapolis / St. Paul, Minnesota), reconocido por su compromiso con los clientes, su capacidad de negociación y su profundo conocimiento del mercado local.

TRAYECTORIA

Raúl trabaja con la firma RES Realty, desde donde asesora tanto a compradores como a vendedores.

Cuenta con varias décadas de experiencia en el sector: su perfil en Zillow indica «20+ años de experiencia» como agente.

ESPECIALIDADES Y VALORES

Su enfoque está tanto en la compra como en la venta de viviendas residenciales en la región metropolitana de Minneapolis y St. Paul, Minnesota.

Habla inglés y español, lo que le permite servir a una audiencia más amplia y diversa.

Se destaca por su ética, transparencia y profesionalismo, y por construir relaciones duraderas con sus clientes.

ÁREAS DE ACTUACIÓN

Raúl se mueve principalmente en el área metropolitana de Minneapolis–St. Paul y suburbios cercanos, tanto para compradores que buscan su primera vivienda, mudanzas familiares, como para quienes venden sus propiedades.

REPUTACIÓN

Los testimonios de clientes lo describen como un agente que se adapta a sus necesidades, flexible con horarios, siempre disponible para aclarar dudas, y que reduce el estrés del proceso de compra-venta.

QUÉ LO HACE DIFERENTE

- **Experiencia probada:** Más de mil ventas acumuladas y un rango amplio en tipos de propiedades y precios.
- **Multilingüe y multicultural:** Capacidad de comunicar y negociar eficazmente en inglés y español.

- **Relación cliente-agente:** Enfasis en construir relaciones a largo plazo y no solo en cerrar una venta.
- **Conocimiento local:** Profundo entendimiento de los vecindarios del área de Minneapolis–St. Paul, incluidas variables como precios, escuelas, transporte y oferta inmobiliaria.
- **Servicio completo:** Desde la búsqueda, selección de propiedades, negociación, hasta la venta-cierre, con un apoyo activo en todos los pasos.

VISIÓN A FUTURO

Raúl está posicionado para continuar su crecimiento en el competitivo mercado de las Ciudades Gemelas. Con la demanda de vivienda en esta región y una economía diversificada, su enfoque personalizado y bilingüe le permite captar tanto clientes locales como inmigrantes o inversores latinos que buscan establecerse o invertir en el área.

CONTACTO PROFESIONAL

- **Oficina:** 2806 W Broadway Ave, Minneapolis, MN 55411.
- **Teléfono:** (612) 600-7880.
- **Correo electrónico:** raulsanchezrealty@gmail.com

Fuentes bibliográficas para la elaboración de la biografía:

- https://www.zillow.com/profile/RAUL%20SANCHEZ?utm_source=chatgpt.com "Raul Sanchez - Real Estate Agent in Burnsville, MN - Zillow"
- https://businessyab.com/explore/united_states/minnesota/hennepin_county/minneapolis/jordan/west_broadway_avenue/2806/res-realty-raul-sanchez-group-612-600-7880.html?utm_source=chatgpt.com "RES Realty - Raul Sanchez Group - 2806 W Broadway Ave, Minneapolis, MN ..."

www.ingramcontent.com/pod-product-compliance
Lightning Source LLC
LaVergne TN
LVHW020716110826
845149LV00012B/2285

* 9 7 8 1 9 6 2 9 2 7 1 2 3 *